高职高专建筑类专业系列教材

建设项目投资决策

（第二版）

主　编　刘树樾
副主编　王伟玲　王　岩　陈久权
参　编　孟庆昕　郝光普
　　　　王　晶　闫子麟
主　审　张瑞红　王小薇

西安电子科技大学出版社

内 容 简 介

本书从建设项目投资决策的基础理论入手，系统介绍了建设项目投资决策分析与评价的方法。其主要内容包括：建设项目投资决策概论、建设项目投资估算、建设项目融资方案分析、资金的时间价值、建设项目财务评价、建设项目经济评价、建设项目节能及环境影响评价、建设项目社会评价、建设项目不确定性分析、建设项目风险分析、工程方案经济比选以及某企业投资钢铁厂项目可行性研究报告案例等。本书注重理论与实践相结合，书中安排了较多案例分析，方便读者理解、巩固和运用所学知识。

本书可作为高等职业技术学校工程造价、建筑工程管理等专业的教学用书，也可作为工程造价咨询从业人员的工作参考书。

图书在版编目(CIP)数据

建设项目投资决策/刘树樾主编. —2 版. —西安：西安电子科技大学出版社，2021.7(2022.11 重印)
ISBN 978-7-5606-6077-6

Ⅰ. ①建… Ⅱ. ①刘… Ⅲ. ①基本建设投资—投资决策—高等职业教育—教材 Ⅳ. ①F282

中国版本图书馆 CIP 数据核字(2021)第 100234 号

策　　划　刘小莉
责任编辑　刘小莉
出版发行　西安电子科技大学出版社(西安市太白南路 2 号)
电　　话　(029)88202421　88201467　　邮　　编　710071
网　　址　www.xduph.com　　电子邮箱　xdupfxb001@163.com
经　　销　新华书店
印刷单位　陕西天意印务有限责任公司
版　　次　2021 年 7 月第 2 版　2022 年 11 月第 5 次印刷
开　　本　787 毫米×1092 毫米　1/16　印张 12
字　　数　280 千字
印　　数　5801～7800 册
定　　价　36.00 元
ISBN 978-7-5606-6077-6/F

XDUP 6379002-5

前　言

本书第一版经过几年的使用，得到了广大师生和读者的认可。本书此次修订是在第一版的基础上，参考行业最新的资料，并总结近年来教材的使用情况以及在实际工作和教学实践中的体会与经验后完成的。本书修订中始终坚持在阐述基本理论和基本方法时，通过实际案例进行分析、讲解，以期达到学以致用的目的。鉴于国家近几年反复强调绿色发展理念，坚持节约资源和保护环境的基本国策，修订版新增加了节能评价和环境影响评价的相关政策和内容。

本书由河北建材职业技术学院刘树樾统稿并任主编，王伟玲、王岩、陈久权任副主编，张瑞红、王小薇任主审。本书第二章、第三章、第五章、第六章、第七章由刘树樾编写，第八章、第九章由王伟玲编写，第四章、第十一章由王岩编写，第一章由陈久权编写，第十章、附录由孟庆昕、郝光普编写，第十二章由王晶、闫子麟编写。

本书既要满足理论难度适中又要达到实用够用的要求，把握起来难度相当大，加之编者水平有限，书中难免存在不妥之处，恳请读者批评指正。

编　者

2021.5

第一版前言

改革开放以来，我国工程咨询业从无到有，已发展成为经济建设领域具有重大影响的行业，对国家经济建设的贡献越来越大，对相关专业人才的需求量也越来越大，加强建设项目投资决策方面的专业教育是满足这一需求的重要措施。

本书以建设项目投资决策的基本理论和方法为依据，参考有关资料，结合编者在多年工程咨询实践工作和教学实践中的体会与经验编写而成。“建设项目投资决策”是一门实践性和理论性都很强的课程，为此在编写本书的过程中，编者坚持理论与实践相结合，在阐述基本理论和基本方法时，大都配以相关案例进行分析、讲解，最后一章还给出了一个完整的可行性研究案例，便于学生学习和运用所学知识。为了提高教学效果，使学生和读者能更好地领会、熟悉每章的重点内容和操作方法，每章都设有“学习目标和要求”与“复习思考题”。

河北建材职业技术学院刘树樾负责全书统稿工作并任主编，杨明、王伟玲任副主编，张瑞红、王小薇任主审。本书第一章至第三章、第五章至第九章、第十一章由刘树樾编写，第四章由杨明、王伟玲编写，第十章由温冬梅、杨福云编写。附录及部分案例图表由陈久权、计凌峰制作。

本书要满足理论难度适中且实用够用的要求，把握起来难度相当大，加之编者水平有限，书中难免存在不妥之处，恳请读者批评指正。

编　者

2016.4

目　录

第一章　建设项目投资决策概论 …… 1
第一节　建设项目投资决策的基本概念 …… 1
第二节　建设项目投资决策的工作程序 …… 2
第三节　建设项目投资体制的改革 …… 3
第四节　企业建设项目投资决策的主要内容 …… 5
复习思考题 …… 11
第二章　建设项目投资估算 …… 12
第一节　投资估算概述 …… 12
第二节　建设投资估算 …… 14
第三节　建设期利息估算 …… 34
第四节　流动资金估算 …… 35
第五节　项目总投资与分年投资计划 …… 39
复习思考题 …… 40
第三章　建设项目融资方案分析 …… 41
第一节　融资主体及融资类型 …… 41
第二节　资本金筹措 …… 43
第三节　债务资金筹措 …… 46
第四节　新兴基础设施项目融资方式 …… 48
第五节　融资方案设计 …… 51
复习思考题 …… 53
第四章　资金的时间价值 …… 54
第一节　现金流量 …… 54
第二节　资金时间价值的衡量 …… 56
第三节　资金等值 …… 59
复习思考题 …… 63
第五章　建设项目财务评价 …… 64
第一节　财务评价概述 …… 64
第二节　财务效益与费用估算 …… 65
第三节　财务盈利能力分析 …… 74
第四节　财务偿债能力和生存能力分析 …… 83
复习思考题 …… 90
第六章　建设项目经济评价 …… 91
第一节　经济评价概述 …… 91

第二节　经济效益与费用识别 …… 93
第三节　影子价格的计算 …… 94
第四节　经济效益分析指标和报表 …… 97
第五节　经济评价参数 …… 103
复习思考题 …… 104
第七章　建设项目节能及环境影响评价 …… 105
第一节　节能评价 …… 105
第二节　环境影响评价 …… 115
第三节　规划环境影响评价 …… 121
复习思考题 …… 125
第八章　建设项目社会评价 …… 127
第一节　社会评价概述 …… 127
第二节　社会评价的范围和内容 …… 130
第三节　社会评价的主要方法 …… 135
复习思考题 …… 140
第九章　建设项目不确定性分析 …… 141
第一节　投资项目决策评价中的不确定性 …… 141
第二节　敏感性分析 …… 142
第三节　盈亏平衡分析 …… 147
复习思考题 …… 150
第十章　建设项目风险分析 …… 151
第一节　不确定性与风险 …… 151
第二节　风险分析 …… 152
复习思考题 …… 157
第十一章　工程方案经济比选 …… 158
第一节　工程方案经济比选的原理 …… 158
第二节　工程方案经济比选的方法 …… 159
复习思考题 …… 165
第十二章　某企业投资钢铁厂项目可行性研究报告案例 …… 166
附录　复利系数表 …… 177
参考文献 …… 184

第一章　建设项目投资决策概论

学习目标和要求

1. 熟悉建设项目投资决策的概念；
2. 掌握建设项目投资决策的工作程序；
3. 了解建设项目投资体制改革的背景，掌握投资体制改革的主要内容；
4. 熟悉可行性研究报告和项目申请报告的内容，掌握二者之间的主要区别。

第一节　建设项目投资决策的基本概念

一、投资的概念

投资是投资人(政府、企业、非营利机构或个人)根据详尽的分析，在确信本金安全和回报满意的情况下，垫付目前所拥有的金钱或资源(土地、人力、技术、管理经验等)，以换取所期望的未来的收益或效益的活动。

可以说前期金钱或资源的投入是确定的，而未来获取的收益却是不确定的。所以投资是有风险的。

二、决策的含义

按照现代决策理论，决策是为达到一定的目标，从两个或多个可行的方案中选择一个较优方案的分析判断和抉择的过程。具体地说，决策是指人们为了实现特定的目标，在掌握大量有关信息的基础上，运用科学的理论和方法，系统地分析主客观条件，提出若干预选方案，并分析各种方案的优缺点，从中选出较优方案的过程。

决策过程可以分为信息收集、方案设计、方案评价、方案抉择四个相互联系的阶段。

决策的分类包括以下几种：

(1) 根据决策对象的不同，可分为投资决策、融资决策、营销决策；

(2) 根据决策目标的数量，可分为单目标决策和多目标决策；

(3) 根据决策问题面临的条件不同，可分为确定型决策、风险型决策和不确定型决策。

三、建设项目投资决策

建设项目投资决策是指最终做出是否投资建设某个项目的决定。项目目标的确定，项目建设规模和产品(服务)方案的确定，场(厂)址的确定，技术方案、设备方案、工程方案的确定，环境保护方案以及融资方案的确定都属于投资项目决策的范畴。

从不同决策者的角度可将项目决策分为以下几种：

(1) 企业投资项目决策。企业投资项目决策是指企业根据总体发展战略、自身资源条件、在竞争中的地位以及项目产品所处的生命周期阶段等因素，以获得经济效益、社会效益和提升持续发展能力为目标，做出是否投资建设项目的决定。

(2) 政府投资项目决策。政府投资项目决策是指政府投资管理部门根据经济和社会发展的需要，以满足社会公共需求，促进经济、社会、环境可持续发展为目标，做出是否投资建设项目的决定。

(3) 金融机构贷款决策。金融机构贷款决策是指银行等金融机构遵照“独立审贷、自主决策、自担风险”的原则，依据申请贷款的项目法人单位的信用水平、经营管理能力和还贷能力以及项目的盈利能力，做出是否贷款的决定。

第二节　建设项目投资决策的工作程序

投资项目决策一般分为投资机会研究、初步可行性研究、可行性研究和项目评审四个阶段。投资项目决策的过程是对一个投资项目进行前期论证的过程，也是一个由粗到细、由浅到深、循序渐进的过程。

1. 投资机会研究阶段

投资机会研究也称投资机会鉴别，是指为寻找有价值的投资机会而进行的准备性调查研究。

机会研究的重点是分析投资环境，如在某一地区或某一产业部门，对某类项目的背景、市场需求、资源条件、发展趋势以及需要的投入和可能的产出等方面进行准备性的调查、研究和分析，目的是发现有价值的投资机会。这个阶段的重点要放在“找”字上，必须能够找出符合条件的主要投资机会。

投资机会研究的成果是机会研究报告。机会研究报告是开展初步可行性研究工作的依据。投资机会研究阶段一般要参照类似项目的数据粗略估算项目的建设投资和生产成本。

2. 初步可行性研究阶段

初步可行性研究也称预可行性研究，是在投资机会研究的基础上，对项目方案进行初步的技术、经济分析和社会、环境评价，对项目是否可行做出初步判断，主要是判断项目是否有生命力，是否值得投入更多的人力和资金进行可行性研究。

初步可行性研究的重点，主要是根据国民经济和社会发展长期规划、行业规划和地区规划以及国家产业政策，从宏观上分析论证项目建设的必要性，并初步分析项目建设的可能性。

初步可行性研究的深度介于投资机会研究和可行性研究之间，这一阶段一般采用指标估算法估算建设投资和生产成本。

经初步可行性研究，如果判断项目是有生命力的，并有必要投资建设，即可以进一步进行可行性研究。需要指出的是，不是所有项目都必须进行初步可行性研究，有些小型项目或简单的技术改造项目，在选定投资机会后，可以直接进行可行性研究。

初步可行性研究的成果是初步可行性研究报告或者项目建议书，可根据投资主体及审批机构的要求确定。两者的差别表现在对研究成果的具体阐述上，初步可行性研究报告详尽一些，项目建议书简略一些。

3. 可行性研究阶段

可行性研究一般是在初步可行性研究的基础上进行的详细研究，通过对主要建设方案和建设条件的分析比选论证，得出该项目是否值得投资、建设方案是否合理可行的研究结论，为项目最终决策提供依据。因而，可行性研究也是项目决策分析与评价的最重要的工作。

可行性研究的成果是可行性研究报告。对于需要政府核准的企业投资的重大项目和限制类项目，还应在可行性研究报告的基础上编制项目申请报告。

4. 项目评审阶段

项目评审是项目决策阶段的最后一项工作，即对为项目决策提供依据所编制的项目建议书、可行性研究报告和项目申请报告进行评估。

(1) 在项目建议书和可行性研究报告编制完成后，由另一家符合资质要求的工程咨询单位对其所做结论的真实性和可靠性进行复核和评价，为项目决策者提供决策依据。

(2) 项目申请报告评估是政府投资主管部门根据需要委托符合资质要求的工程咨询单位对拟建项目的外部影响进行评估论证。评估结论作为政府核准项目的依据。

第三节　建设项目投资体制的改革

投资体制是指国家组织、领导和管理的投资活动所采取的基本制度及主要方式、方法。在投资体制改革之前，无论是企业还是政府投资，我国均实行严格的项目审批制度，对投资管理沿用计划经济模式，投资项目不分投资主体、不分资金来源、不分项目性质，一律按投资规模大小分别由各级政府投资管理部门进行行政审批。

企业投资的项目建议书、可行性研究报告和开工报告均要报请政府审核批准，并根据项目建设规模或投资金额大小划分各级政府对项目的审批权限，而且政府在审批企业项目时，更多的是站在企业所有者的角度，审查其市场前景、投资效益、产品技术方案、资金来源等。这实际上是政府代替企业进行投资决策，不利于充分发挥市场配置资源的基础性作用。

为了突出企业在投资活动中的主体地位，推动政府经济职能的转变，2004 年 7 月 16 日，国务院颁布了《关于投资体制改革的决定》，其核心内容之一就是对投资项目审批制度的改革，将传统的投资项目审批制度改为审批制、核准制和备案制三种制度并存。

一、投资体制改革的主要特征

投资体制改革应该与社会主义市场经济体制相适应，在灵活有效的国家宏观调控下，建立以企业投资为主体，以市场调节为基础的投资体制，实现“谁投资、谁决策、谁受益、谁承担风险”。其主要特征表现在以下方面。

1. 实行自主决策、自我约束的企业投资制度

在市场经济体制下，投资主体从政府转移到企业，企业是市场法人主体，同时也是投资主体，能够自主经营、自负盈亏、自我发展、自我约束，具有投资自主决策权。在政府、企业、个人多元投资主体和谐共存的格局中，大多数经济领域的投资主体应当是企业。政府应从生产经营性投资领域退出，主要投资于市场无法有效配置资源、涉及公共利益、企业不愿投资和难以投资的领域。

2. 市场对投资资源配置起基础性作用

社会主义市场经济建立市场开放、竞争有序的市场体系，要求在宏观调控下，充分发挥市场对投资资源配置的基础性调节作用。各种生产要素都应通过消费品市场、生产资料市场、劳务市场、技术市场和金融市场进行资源配置，通过价格信号和优胜劣汰的竞争机制，对企业形成外在动力和内在压力，使投资资源得到有效配置，最大限度地满足社会需求。

3. 实行灵活有效的投资宏观调控

对投资活动进行有效干预，是市场经济国家的普遍做法。例如美国、英国等西方国家运用财政政策、货币政策调节市场供求，日本、韩国等新兴市场经济国家主要运用产业政策和发展规划引导经济发展和结构调整。我国建设社会主义市场经济的过程中，更需要建立和完善宏观调控体系，但应确保宏观调控不以扭曲正常市场经济秩序为代价，不以牺牲社会公共利益为代价，而以整体投资结构优化为主要目标，以经济政策和经济杠杆为主要调控手段，尽可能弱化行政手段的作用。

二、投资体制改革的原则

根据行政审批制度改革的要求，为建立与社会主义市场经济体制相适应的新型的投资体制，在改革中应坚持以下原则。

1. 效益原则

区分投资体制优劣的主要目标应是判断投资效益的高低。投资体制改革的核心目标就是要提高投资效益，以实现资源的优化配置，因此效益原则是确定中国投资体制改革目标模式的最高原则。要实现投资的效益目标，必须首先明确不同投资主体投资功能的定位，合理区分政府投资与企业投资的功能，完善与之相适应的投资范围、投资运行机制等体制机制，纠正不同投资主体功能错位、市场扭曲、投资目标模糊等现象。

2. 市场取向原则

我国经济体制改革的总体目标就是要建立社会主义市场经济体制。投资体制是整个经济体制不可分割的重要组成部分，必须遵循以市场为取向的原则。市场取向原则与效益原则密切相关。在投资体制市场取向改革中，市场对资源配置起基础性作用，以增强市场竞争力作为改革目标，将会极大地提高投资效率，实现效益目标。各投资主体为了自身利益，必须认真比选投资方案，慎重进行投资决策，科学组织投资实施，节约投资费用，降低建设成本，提高投资效益。

3. 适度与国际接轨原则

市场经济是开放经济，不仅要对内开放，而且要对外开放。这就要求国内经济活动在一定程度上也要遵循国际经济的运行规则。在全球化趋势不断加强的形势下，中国要广泛参与国际经济技术合作，积极利用国际投融资渠道，吸引外资参与中国经济建设，同时鼓励中国企业走出去参与海外投资，投资体制与国际适度接轨就成为必然要求。

三、投资体制改革的主要内容

投资体制改革的核心内容之一就是对投资项目审批制度的改革，将传统的投资项目审批制度改为审批制、核准制和备案制三种制度并存。

1. 三种制度的适用范围

对于政府投资项目和使用政府性资金的企业投资项目仍然沿用审批制。

凡企业不使用政府性资金投资建设的项目，政府一律不再审批。针对少数重大项目和限制类项目，从维护社会公共利益的角度，实行核准制。在实行核准制的情况下，政府直接管理的企业投资项目数量大幅度减少，核准项目范围仅限于“政府核准的投资项目目录”内的项目，并根据变化的情况适时调整。核准项目范围由国务院投资主管部门会同有关行业主管部门研究提出，报国务院批准后实施。未经国务院批准，各地区、各部门不得擅自增减核准范围。

对于除了需要政府审批的使用中央政府性资金和地方政府投资的项目，“政府核准的投资项目目录”范围内的项目之外的所有企业投资项目均实行备案制。根据这项改革制度安排，大约80%的企业投资项目将实行备案制，政府投资管理部门不再实行实质性审查核准。

2. 三种制度的审核程序

对于政府投资的公共项目和竞争性项目，应按照严格的程序进行审批。投资项目必须先列入行业和区域发展规划，国家再审批“项目建议书”，审查项目建设的必要性，决定项目是否立项；然后审批“可行性研究报告”，分析项目的可行性，决定项目是否建设；进入项目准备阶段后，再审批“开工报告”，决定项目是否可以真正开工建设。

对于企业投资的核准目录内的项目，需要向相应的项目核准机关提交项目申请报告，同时按规定附送以下文件：① 城市规划行政主管部门出具的城市规划意见；② 国土资源行政主管部门出具的项目用地预审意见；③ 环境保护行政主管部门出具的环境影响评价文件的审批意见等。

实行备案制的企业投资项目在建设前，项目单位首先要到相应的投资管理部门进行备案。备案时，项目法人单位只需填写“企业投资项目备案申请表”并出具证明企业法人身份的“企业营业执照”报送项目备案机关。

第四节　企业建设项目投资决策的主要内容

一、可行性研究及其报告的主要内容

投资项目可行性研究的内容，因项目的性质和行业特点而异。从总体看，可行性研究的内容与初步可行性研究的内容基本相同，但研究的重点有所不同，前者较后者研究的深度有所提高，研究的范围有所扩大。可行性研究的重点是项目建设的可行性，必要时还需进一步论证项目建设的必要性。

1. 企业投资项目可行性研究及其报告的主要内容

（1）项目建设的必要性。要从两个层次进行分析：一是从项目层次分析拟建项目在实现企业自身可持续发展重要目标、重要战略和生存壮大能力的必要性；二是从国民经济和社会发展层次分析拟建项目是否符合合理配置和有效利用资源的要求，是否符合区域规划、行业发展规划、城市规划的要求，是否符合国家产业政策和技术政策的要求，是否符合保护环境、可持续发展的要求等。

（2）市场分析。调查分析和预测拟建项目产品和主要投入品的国际、国内市场的供需状况和价格；研究确定产品的目标市场；在竞争力分析的基础上，预测可能占有的市场份额，研究产品的营销策略。

（3）项目建设方案研究。主要包括：建设规模和产品方案，工艺技术和主要设备方案，场(厂)址选择，主要原材料、辅助材料和燃料的供应方案，总图运输和土建工程方案，公用、辅助工程方案及节能、节水措施，环境保护治理措施方案，职业安全卫生健康措施和消防设施方案，项目的组织机构与人力资源配置。

（4）投资估算。在确定项目建设方案的基础上估算项目所需的投资。分别估算建筑工程费、设备购置费、安装工程费、工程建设其他费用、基本预备费、建设期利息和流动资金。

（5）融资方案。在投资估算确定投资额的基础上，研究分析项目的融资主体、资金来源渠道和方式、资金结构及融资成本和融资风险等，结合融资方案的财务分析，比较、选择和确定融资方案。

（6）财务分析(也称财务评价)。按规定科目详细估算营业收入和成本费用，预测现金流量，编制现金流量表等财务报表，计算相关指标；进行财务盈利能力、偿债能力以及财务生存能力分析，评价项目的财务可行性。

（7）经济分析(也称国民经济评价)。对于财务分析不能全面、真实地反映其经济价值的项目，应进行经济分析。从社会经济资源有效配置的角度，识别项目产生的直接和间接的经济费用和效益，编制经济费用效益流量表，计算相关指标，分析项目建设对经济发展所做出的贡献以及项目所耗费的社会资源。

（8）资源利用分析。对于高耗能、耗水、大量消耗自然资源的项目，应进行节能、节水、节地、节材等方面的分析评价。分析能源、水资源和自然资源利用效率，提出降低资源消耗的措施；一般项目也应进行节能、节水、节地、节材分析；对于可能产生重要环境影响的项目，要分析项目可能造成的环境影响及污染物排放是否符合环保政策法规的要求，提出减少污染排放、强化污染治理、促进清洁生产、提高环境质量的对策和建议。

（9）征地拆迁及移民搬迁安置方案分析。对于新增建设用地的项目，应分析项目用地情况，提出节约用地措施。涉及搬迁和移民的项目，还应分析搬迁方案和移民安置方案的合理性。

（10）社会影响评价。对于由于征地拆迁等可能产生重要社会影响、涉及社会公共利益的项目，要在社会调查的基础上，分析拟建项目的社会影响，分析主要利益相关者的需求、对项目的支持和接受程度，分析项目的社会风险，提出防范和解决社会问题的方案。

（11）不确定性分析。进行敏感性分析，计算敏感度系数和临界点，找出敏感因素并估计其对项目效益的影响程度；进行盈亏平衡分析，计算盈亏平衡点，粗略预测项目适应市场变化的能力。

(12) 风险分析。对项目主要风险因素进行识别，采用定性和定量分析方法估计风险程度，研究提出防范和降低风险的对策措施。

(13) 结论与建议。在以上各项分析研究之后，应做出归纳总结，说明所推荐方案的优点，指出可能存在的主要问题和可能遇到的主要风险，做出项目是否可行的明确结论，并对项目下一步工作和项目实施中需要解决的问题提出建议。

2. 可行性研究报告应达到的深度要求

(1) 可行性研究报告内容齐全、数据准确、论据充分、结论明确，能满足决策者定方案、定项目的需要。

(2) 可行性研究报告中选用的主要设备的规格、参数应能满足预订货的要求。引进的技术设备的资料应能满足合同谈判的要求。

(3) 可行性研究报告中的重大技术、财务方案，应有两个以上方案的比选。

(4) 可行性研究报告中确定的主要工程技术数据，应能满足项目初步设计的要求。

(5) 可行性研究阶段对投资和生产成本的估算应采用分项详细估算法，估算的准确度应达到规定的要求。

(6) 可行性研究报告中确定的融资方案应能满足资金筹措及使用计划对投资数额、时间和币种的要求，并能满足银行等金融机构信贷决策的需要。

(7) 可行性研究报告应反映在可行性研究中出现的某些方案的重大分歧及未被采纳的理由，供决策者权衡利弊进行决策。

(8) 可行性研究报告应附有供评估、决策审批所必需的合同、协议、意向书、政府批件等。

二、项目申请报告的主要内容

1. 企业投资项目申请报告的主要内容

1) 申报单位及项目概况

要对项目申报单位的主要经营范围、资产负债情况、股东构成、股权结构比例、以往投资相关项目情况及已有生产能力等内容进行阐述，同时论述项目的建设背景、建设地点、建设年限、建设内容、建设规模、产品及工程技术方案、投资规模、资金筹措方案等内容。

2) 发展规划、产业政策和行业准入分析

在发展规划方面，应阐述拟建项目是否符合有关的国民经济和社会发展总体规划、专项规划等要求，项目目标与规划内容是否衔接和协调。

在产业政策方面，分析拟建项目的工程技术方案、产品方案等是否符合有关产业政策、法律法规的要求。

在行业准入方面，阐述与拟建项目相关的行业准入政策、准入标准等内容，分析评价项目建设单位和拟建项目是否符合相关规定。

3) 资源开发及综合利用分析

资源开发及综合利用分析主要包括资源开发、资源利用方案、资源节约措施等内容。

（1）资源开发方案包括对金属矿、煤矿、石油天然气矿、建材矿以及水(力)、森林等资源的开发，应分析拟开发资源的可开发量、自然品质、贮存条件、开发价值等，评价是否符合资源综合利用的要求。

（2）资源利用方案包括项目需要占用的重要资源品种、数量及来源情况；多金属、多用途化学元素共生矿、伴生矿以及油气混合矿等的资源综合利用方案；通过对单位生产能力主要资源消耗量指标的对比分析，评价资源利用效率的先进程度；分析评价项目建设是否会对地表(下)水等其他资源造成不利影响。

（3）资源节约措施阐述项目方案中作为原材料的各类金属矿、非金属矿及水资源节约的主要措施方案。对拟建项目的资源消耗指标进行分析，阐述在提高资源利用效率、降低资源消耗等方面的主要措施，论证是否符合资源节约和有效利用的相关要求。

4）节能方案分析

节能方案分析主要包括：

（1）用能标准和节能规范：阐述拟建项目所遵循的国家和地方的合理用能标准及节能设计规范。

（2）能耗状况和能耗指标分析：阐述项目所在地的能源供应状况，分析拟建项目的能源消耗种类和数量；根据项目特点选择计算各类能耗指标，与国际、国内先进水平进行对比分析，阐述是否符合能耗准入标准的要求。

（3）节能措施和节能效果分析：阐述拟建项目为了优化用能结构、满足相关技术政策和设计标准而采用的主要节能降耗措施，对节能效果进行分析论证。

5）建设用地、征地拆迁及移民安置分析

建设用地、征地拆迁及移民安置分析主要包括：

（1）项目选址及用地方案：包括项目建设地点、占地面积、土地利用状况、占用耕地情况等内容；分析项目选址是否会造成相关不利影响，如是否压覆矿床和文物，是否有利于防洪和排涝，是否影响通航及军事设施等。

（2）土地利用合理性分析：分析拟建项目是否符合土地利用规划要求，占地规模是否合理，是否符合集约和有效使用土地的要求，耕地占用补充方案是否可行等。

（3）征地拆迁和移民安置规划方案：对拟建项目的征地拆迁影响进行调查分析，依法提出拆迁补偿的原则、范围和方式，制订移民安置规划方案，并对是否符合保障移民合法权益、满足移民生存及发展需要等要求进行分析论证。

6）环境和生态影响分析

环境和生态影响分析主要包括：

（1）环境和生态现状：包括项目场址的自然环境条件、现有污染物情况、生态环境条件和环境容量状况等。

（2）生态环境影响分析：包括排放污染物类型、排放量情况分析，水土流失预测，对生态环境的影响因素和影响程度，对流域和区域环境及生态系统的综合影响。

（3）生态环境保护措施：按照有关环境保护、水土保持的政策法规要求，对可能造成的生态环境损害提出治理措施，对治理方案的可行性、治理效果进行分析论证。

（4）地质灾害影响分析：地质灾害易发区建设的项目和易诱发地质灾害的项目，要阐述项目建设所在地的地质灾害情况，分析拟建项目诱发地质灾害的风险，提出防御的对策和措施。

(5) 特殊环境影响：分析拟建项目对历史文化遗产、自然遗产、风景名胜和自然景观等可能造成的不利影响，并提出保护措施。

7) 经济影响分析

经济影响分析主要包括：

(1) 企业投资项目的财务评价：主要是进行财务盈利能力和债务清偿能力分析。而经济影响分析，则是对投资项目所耗费的社会资源及其产生的经济效果进行论证，分析项目对行业发展、区域和宏观经济的影响，从而判断拟建项目的经济合理性。

(2) 经济费用效益或费用效果分析：从社会资源优化配置的角度，通过经济费用效益或费用效果分析，评价拟建项目的经济合理性。

(3) 行业影响分析：阐述行业现状的基本情况以及企业在行业中所处地位，分析拟建项目对所在行业及关联产业发展的影响，并对是否可能导致垄断等进行论证。

(4) 区域经济影响分析：对于区域经济可能产生重大影响的项目，应从区域经济发展、产业空间布局、当地财政收支、社会收入分配、市场竞争结构等角度进行分析论证。

(5) 宏观经济影响分析：对于投资规模巨大、对国民经济有重大影响的项目，应进行宏观经济影响分析；涉及国家经济安全的项目，应分析拟建项目对经济安全的影响，提出维护经济安全的措施。

8) 社会影响分析

对于因征地拆迁等可能产生重要社会影响的项目，以及扶贫、区域综合开发、文化教育、公共卫生等具有明显社会发展目标的项目，应从维护公共利益、构建和谐社会、落实以人为本的科学发展观等角度，进行社会影响分析评价。社会影响分析主要包括：

(1) 社会影响效果分析：阐述拟建项目的建设及运营活动对项目所在地可能产生的社会影响和社会效益。

(2) 社会适应性分析：分析拟建项目能否为当地的社会环境、人文条件所接纳，评价该项目与当地社会环境的相互适应性。

(3) 社会风险及对策分析：针对项目建设所涉及的各种社会因素进行社会风险分析，提出协调项目与当地社会关系、规避社会风险、促进项目顺利实施的措施方案。

报送企业投资项目申请报告应附送以下文件：

(1) 城市规划行政主管部门出具的城市规划意见；

(2) 国土资源行政主管部门出具的项目用地预审意见；

(3) 环境保护行政主管部门出具的环境影响评价文件的审批意见；

(4) 根据有关法律法规应提交的其他文件。

2. 外商投资项目申请报告的主要内容

(1) 项目名称、经营期限、投资方基本情况；

(2) 项目建设规模、主要建设内容及产品，采用的主要技术和工艺，产品目标市场，计划用工人数；

(3) 项目建设地点对土地、水、能源等资源的需求，以及主要原材料的消耗量；

(4) 环境影响评价；

(5) 涉及公共产品或服务的价格；

(6) 项目总投资、注册资本及各方出资额、出资方式及融资方案，需要的进口设备及金额。

报送外商投资项目申请报告应附送以下文件：

(1) 中外投资各方的企业注册证(营业执照)、商务登记证及经审计的最新企业财务报表(包括资产负债表、损益表和现金流量表)、开户银行出具的资金信用证明；

(2) 投资意向书，增资、购并项目的公司董事会决议；

(3) 银行出具的融资意向书；

(4) 省级或国家环境保护行政主管部门出具的环境评价意见书；

(5) 省级规划部门出具的规划选址意见书；

(6) 省级或国家国土资源管理部门出具的项目用地预审意见书；

(7) 以国有资产或土地使用权出资的，需有有关部门出具的确认文件。

3. 境外投资项目申请报告的主要内容

(1) 项目名称、投资方基本情况；

(2) 项目背景情况及投资环境情况；

(3) 项目建设规模、主要建设内容、产品、目标市场，以及项目效益、风险情况；

(4) 项目总投资、各方出资额、出资方式、融资方案及用汇金额；

(5) 购并或参股项目，应说明拟购并或参股公司的具体情况。

报送境外投资项目申请报告应附送以下文件：

(1) 公司董事会决议或相关的出资决议；

(2) 证明中方及合作方资产、经营和资信情况的文件；

(3) 银行出具的融资意向书；

(4) 以有价证券、实物、知识产权或技术、股权、债权等资产权益出资的，按资产权益的评估价值或公允价值核定出资额，应提交具备相应资质的会计师、资产评估机构等中介机构出具的资产评估报告，或其他可证明有关资产权益价值的第三方文件；

(5) 投标、购并或合资合作项目，中方签署的意向书或框架协议等文件；

(6) 境外竞标或收购项目，应报送信息报告，并附国家发展改革委出具的有关确认函件。

三、可行性研究报告与项目申请报告的主要区别

可行性研究报告与项目申请报告的主要区别有以下五个方面。

1. 目的不同

可行性研究报告的主要功能是为企业自主投资决策提供科学依据，其内容深度可由企业根据决策需要和项目情况相应确定。对于企业投资项目，可行性研究报告不再用于审批，完全可以根据企业自身决策的需要，自行决定编写的内容、形式、深度，使其完全成为企业内部自身投资决策的一种项目分析工具。

项目申请报告是企业投资建设应报政府核准的项目时，为获得政府主管部门的行政许可，按核准要求报送的项目论证报告；政府主管部门也不再审核由企业自主决策的问题，如工艺流程、设备选型、项目效益、资金筹措等。

2. 角度不同

企业投资项目的可行性研究报告是站在企业的角度分析研究投资项目本身的利弊，追求最大经济效益的。

项目申请报告是站在社会公众的角度分析研究投资项目建设产生的社会影响，保障社会公众利益和社会效益，从宏观的角度进行经济、社会、资源、环境等综合论述。

3. 内容不同

可行性研究报告从企业角度，对建设项目的市场前景、厂址选择、产品技术方案、设备选型、投资估算、财务分析、经济效益、资金来源、投资风险分析等方面进行论述，这些均属于企业所关注的问题。

项目申请报告从维护国家经济和产业安全、合理开发利用资源、保护生态环境、优化重大布局、保障公共利益、防止出现垄断等方面进行论证，回答政府关心的问题。

4. 时序不同

可行性研究报告与项目申请报告是两个不同性质的文件。作为企业投资建设项目，咨询机构先为企业编制可行性研究报告，报告的内容和深度由企业决定，企业决策投资建设项目后，如是政府核准的投资项目目录内的，需再编制项目申请报告，报政府主管部门核准，获得行政许可；如不是政府核准的投资项目目录内的，则需先向政府备案，然后即可直接为企业编制设计文件。

5. 法律效力不同

企业投资建设项目的可行性研究报告用于企业内部的投资决策用；项目申请报告的编制和报送具有政府行政的强制力约束，是企业在进行投资建设活动中必须履行的社会义务，受国家法律法规的制约。

复习思考题

1. 什么是建设项目投资决策？从决策者的角度可以将其分为几种类型？
2. 建设项目投资决策的工作程序分为哪几个阶段？其中哪个阶段的工作是最重要的？
3. 投资体制改革的主要特征表现在哪几个方面？
4. 在投资体制改革中应坚持哪几项原则？
5. 投资体制改革后，审批制、核准制和备案制分别适用于什么情况？这三种制度分别采用怎样的审核程序？
6. 简述企业投资项目可行性研究报告的主要内容。
7. 简述项目申请报告的主要内容。
8. 可行性研究报告和项目申请报告有哪些区别？

第二章　建设项目投资估算

学习目标和要求

1. 掌握投资估算的内容和要求；
2. 掌握建设投资简单估算法；
3. 掌握建设投资组成和分类估算法；
4. 掌握建设期利息的估算方法；
5. 掌握流动资金的估算方法；
6. 能够编制建筑工程费、设备购置费、安装工程费、工程建设其他费、流动资金等项费用的估算表，项目总投资估算表和分年投资计划表；
7. 能够对简单案例进行投资估算。

第一节　投资估算概述

一、投资估算的内容及要求

1. 投资估算的内容

投资估算的内容是项目总投资。项目总投资由建设投资、建设期利息和流动资金构成。

(1) 建设投资是指在项目筹建与建设期间所花费的全部建设费用，按概算法分类包括工程费用、工程建设其他费用和预备费用，其中工程费用包括建筑工程费、设备购置费和安装工程费，预备费用包括基本预备费和涨价预备费。

(2) 建设期利息是债务资金在建设期内发生并应计入固定资产原值的利息，包括借款(或债券)利息及手续费、承诺费、管理费等。

(3) 流动资金是项目运营期内长期占用并周转使用的营运资金。

项目总投资的构成，即投资估算的具体内容如图 2-1 所示。

2. 投资估算的要求

建设项目投资决策分析一般可分为投资机会研究、初步可行性研究、可行性研究、项目评审(项目前评估)四个阶段。由于不同阶段的工作深度和掌握的资料详略程度不同，因此在决策分析的不同阶段，允许投资估算的深度和准确度有所差别。随着工作的进展，项目条件的逐步明确，投资估算应逐步细化，准确度应逐步提高，从而对项目投资起到有效的控制作用。项目投资决策分析阶段对投资估算的准确度要求(即允许误差率)见表 2-1。

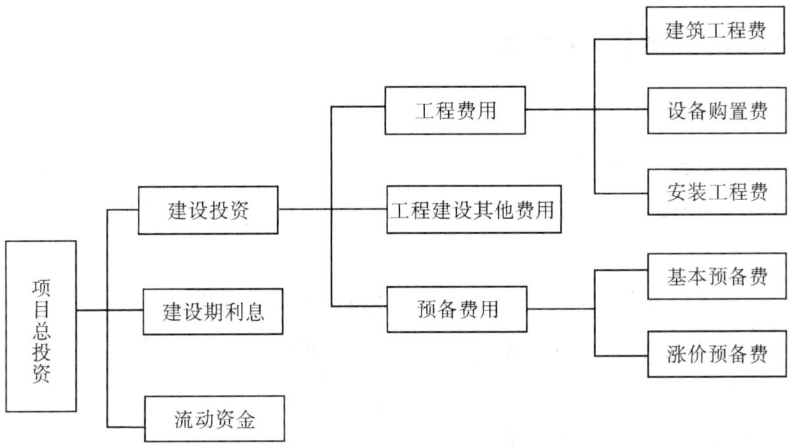

图 2－1　项目总投资的构成

表 2－1　项目投资决策分析的不同阶段对投资估算准确度的要求

序号	项目投资决策的不同阶段	投资估算的允许误差率
1	投资机会研究阶段	±30％以内
2	初步可行性研究阶段	±20％以内
3	可行性研究阶段	±10％以内
4	项目评审阶段	±5％以内

二、投资估算的作用

（1）投资估算是投资决策的依据之一。项目评审阶段投资估算所确定的项目建设与运营所需的资金量，是投资者进行投资决策的依据之一。投资者要根据自身的财力和信用状况做出是否投资的决策。

（2）投资估算是制订项目融资方案的依据。项目评审阶段投资估算所确定的项目建设与运营所需的资金量，是项目资金筹措及制定建设贷款计划的依据，建设单位可根据批准的投资估算额，进行资金筹措和向银行申请贷款。

（3）投资估算是进行项目经济评价的基础。经济评价是对项目的费用与效益作出全面的分析评价。项目所需投资是项目费用的重要组成部分，是进行经济评价的基础。投资估算准确度如何，将直接影响经济评价的可靠性。

（4）投资估算是编制初步设计概算的依据，对项目的工程造价起控制作用。可行性研究报告通过之后，按照项目建设程序应进行初步设计。可行性研究报告中所估算的投资限额是编制初步设计概算的依据。设计任务书中下达的投资限额，即作为建设项目投资的最高限额，一般不得随意突破，对项目的工程造价起控制作用。

（5）投资估算是建设工程设计招标、优选设计单位和设计方案的重要依据。在工程设计招标阶段，投标单位报送的投标书中包括项目设计方案、项目的投资估算和经济性分析，招标单位根据投资估算对各项设计方案的经济合理性进行分析、衡量、比较，在此基础上，择优确定设计单位和设计方案。

三、投资估算的依据与要求

（一）估算依据

投资估算的主要依据如下：

（1）项目建设管理部门颁发的建设工程造价费用构成、计算方法及其他有关计算工程造价的文件；

（2）行业主管部门制定的投资估算办法、估算指标和定额；

（3）有关部门制定的工程建设其他费用的计算办法和费用标准，以及国家公布的物价指数；

（4）拟建项目各单项工程的建设内容及工程量。

（二）估算精度要求

投资估算精度应达到以下要求：

（1）工程内容和费用构成齐全，计算合理，不重复计算，不提高或降低估算标准，不漏项不少算；

（2）若选用的指标与具体工程之间的标准或条件有差异，应进行必要的换算或调整；

（3）投资估算深度应能满足控制设计概算的要求。

第二节　建设投资估算

建设投资的估算方法有简单估算法和分类估算法。简单估算法又分为单位生产能力估算法、生产能力指数法、比例估算法、系数估算法和指标估算法等。前四种估算方法估算准确度相对不高，主要适用于投资机会研究和初步可行性研究阶段。可行性研究阶段应采用指标估算法和分类估算法。

一、建设投资简单估算法

（一）单位生产能力估算法

单位生产能力估算法根据已建成的、性质类似的建设项目的单位生产能力投资（如元/吨、元/千瓦）乘以拟建项目的生产能力，来估算拟建项目的投资额，其计算公式为

$$Y_2 = \frac{Y_1}{X_1} \times X_2 \times CF$$

式中，Y_2——拟建项目的投资额；

Y_1——已建类似项目的投资额；

X_1——已建类似项目的生产能力；

X_2——拟建项目的生产能力；

CF——不同时期、不同地点的定额、单价、费用变更等的综合调整系数。

[例 2－1]　已知 2008 年建设年生产规模为 500 万吨选矿厂的建设投资为 87 000 万元，2012 年拟新建年生产规模为 1000 万吨选矿厂一座，工程条件与 2008 年已建项目类似，调整系数 CF 为 1.2，试估算该项目的建设投资。

解：该项目的建设投资为

$$Y_2=\frac{Y_1}{X_1}\times X_2\times CF=\frac{87\,000}{500}\times 1000\times 1.2=208\,800(\text{万元})$$

（二）生产能力指数法

生产能力指数法根据已建成的、性质类似的建设项目的生产能力和投资额与拟建项目的生产能力，来估算拟建项目投资额，其计算公式为

$$Y_2=Y_1\times\left(\frac{X_2}{X_1}\right)^n\times CF$$

式中，n——生产能力指数，$0\leqslant n\leqslant 1$；

其他符号含义同前。

其中，关于 n 的取值，有以下要求：

(1) 若已建类似项目的规模和拟建项目的规模相差不大，生产规模比值在 0.5～2 之间，则指数 n 的取值近似为 1；

(2) 若已建类似项目的规模和拟建项目的规模相差较大，但不大于 50 倍，且拟建项目规模的扩大仅靠增大设备规模来达到，则 n 的取值约在 0.6～0.7 之间；

(3) 若已建类似项目的规模和拟建项目的规模相差较大，但不大于 50 倍，且拟建项目规模的扩大仅靠增加相同规格设备的数量达到，则 n 的取值约在 0.8～0.9 之间。

生产能力指数法与单位生产能力估算法相比精确度略高，其误差可控制在±20%以内。尽管估价误差仍较大，但有它独特的好处，即这种估价方法不需要详细的工程设计资料，只知道工艺流程及规模就可以；而且对于总承包工程而言，可作为估价的旁证，在总承包工程报价时，承包商大都采用这种方法估价。但这种方法要求类似工程的资料可靠、条件基本相同，否则误差就会增大。另外，本方法不适用于已建类似项目的规模和拟建项目的规模相差大于 50 倍的情况。

[例 2－2]　已知年产 10 万吨某化工产品的已建工业项目投资额为 5000 万元，若拟建年产 20 万吨同类产品的生产项目，生产能力指数 n 为 0.8，综合调整系数 CF 为 1.2，试估算该拟建项目的投资额。

解：该项目的主要设备投资额为

$$Y_2=Y_1\times\left(\frac{X_2}{X_1}\right)^n\times CF=5000\times\left(\frac{20}{10}\right)^{0.8}\times 1.2=10\,446.61(\text{万元})$$

（三）比例估算法

1. 以拟建项目的设备购置费为基数进行估算

计算公式为

$$C=E(1+f_1P_1+f_2P_2)+I$$

式中，C——拟建项目的建设投资；

E——拟建项目根据当时当地价格计算的设备购置费；

P_1、P_2——已建项目中建筑工程费和安装工程费占设备购置费的百分比；

f_1、f_2——由于时间因素引起的定额、价格、费用标准等综合调整系数；

I——拟建项目的其他有关费用。

[例 2-3] 某拟建项目设备购置费为 30 000 万元，根据已建同类项目统计资料，建筑工程费占设备购置费的 25%，安装工程费占设备购置费的 8%，该拟建项目的其他有关费用估计为 5400 万元，调整系数均为 1.1，试估算该项目的建设投资。

解：该项目的建设投资为

$$C = E(1+f_1P_1+f_2P_2)+I$$

$$=30\,000\times[1+(25\%+8\%)\times1.1]+5400=46\,290\text{（万元）}$$

2. 以拟建项目的工艺设备投资为基数进行估算

该方法以拟建项目的工艺设备投资为基数，根据同类型的已建项目的有关统计资料，各专业工程（土建、暖通、给排水、管道、电气照明及自动化仪表等）占工艺设备投资的百分比，求出拟建项目各专业工程的投资，然后把各部分投资（包括工艺设备投资）相加求和，再加上拟建项目的其他有关费用，即为拟建项目的建设投资。计算公式为

$$C = E(1+f_1P'_1+f_2P'_2+f_3P'_3+\cdots)+I$$

式中，E——拟建项目根据当时当地价格计算的工艺设备投资；

P'_1、P'_2、P'_3——已建项目各专业工程费用占工艺设备投资的百分比；

其他符号含义同前。

[例 2-4] 已知某拟建项目主要设备投资额为 4000 万元，某已建同类型项目的其他附属项目投资占主要设备投资比例以及由于建造时间、地点使用定额等方面的因素，引起拟建项目的综合调价系数见表 2-2，该拟建项目的其他费用共计 1350 万元，求该拟建项目的建设投资。

表 2-2 附属项目投资占设备投资比例及综合调价系数

序号	工程名称	占设备投资比例/(%)	综合调价系数
1	生产项目		
1.1	土建工程	30	1.1
1.2	设备安装工程	10	1.2
1.3	工艺管道工程	4	1.05
1.4	给排水工程	9	1.1
1.5	暖通工程	9	1.1
1.6	电气照明工程	10	1.1
1.7	自动化仪表	9	1
2	附属工程	10	1.1
3	总体工程	10	1.3

解：$C = E(1 + f_1 P'_1 + f_2 P'_2 + f_3 P'_3 + \cdots) + I$

$= 4000(1 + 30\% \times 1.1 + 10\% \times 1.2 + 4\% \times 1.05 + 9\% \times 1.1 \times 2 + 10\% \times 1.1 + 9\% \times 1 + 10\% \times 1.1 + 10\% \times 1.3) + 1350 = 9870$（万元）

（四）系数估算法

1. 朗格系数法

朗格系数法以设备购置费为基础，乘以适当系数来推算项目的建设投资。计算公式为

$$C = E(1 + \sum K_i) K_c$$

式中，C——建设投资；

E——设备购置费；

K_i——管线、仪表、建筑物等项费用的估算系数；

K_c——管理费、合同费、应急费等间接费在内的总估算系数。

建设投资与设备购置费之比为朗格系数 K_L，即：

$$K_L = (1 + \sum K_i) K_c$$

［**例 2－5**］ 某项目主要设备费为 2450 万元，管线、仪表、建筑物等费用的估算系数为 0.7，管理费、合同费、应急费等项费用在内的总估算系数为 1.2（或管理费、合同费、应急费等为设备及管线、仪表、建筑物等项费用的 20%），试估算拟建项目的建设投资。

解：$C = E(1 + \sum K_i) K_c = 2450 \times (1 + 0.7) \times 1.2 = 4998$（万元）

2. 设备及厂房系数法

设备及厂房系数法是在拟建项目工艺设备投资和厂房土建投资估算的基础上进行的，其他专业工程则参照类似项目的统计资料。计算时与设备关系较大的部分按设备投资系数计算，与厂房土建关系较大的则按厂房土建投资系数计算，两类投资加起来，再加上拟建项目的其他有关费用，即为拟建项目的建设投资。

［**例 2－6**］ 某项目工艺设备及其安装费用估计为 4500 万元，厂房土建费用估计为 7600 万元，参照类似项目的统计资料，其他各专业工程投资系数如表 2－3 所示，其他有关费用为 4200 万元，试估算该项目的建设投资。

表 2－3 例 2－6 中其他专业工程投资系数

专业工程名称	投资系数	专业工程名称	投资系数
工艺设备	1.00	厂房土建（含设备基础）	1.00
起重运输设备	0.09	给排水工程	0.04
加热炉及烟道	0.12	采暖通风	0.03
气化冷却	0.01	工业管道	0.01
余热锅炉	0.04	电报照明	0.01
供电及传动	0.18	—	—
自动化仪表	0.02	—	—
系数合计	1.46	系数合计：	1.09

解：该项目建设投资为

$$4500\times1.46+7600\times1.09+4200=19054(\text{万元})$$

（五）指标估算法

指标估算法是以单项工程或单位工程为对象，综合项目建设中的各类成本和费用，具有较强的综合性和概括性。

单项工程指标一般以单项工程生产能力单位投资表示，如变配电站以元/千伏安表示；锅炉房以元/蒸汽吨表示。单位工程指标一般按以下方式表示：房屋区别不同结构形式以元/平方米表示；道路区别不同结构层、面层以元/平方米表示；管道区别不同材质、管径以元/米表示。

二、建设投资分类估算法

（一）估算步骤

（1）分别估算各单项工程所需的建筑工程费、设备及工器具购置费、安装工程费；

（2）在汇总各单项工程费用的基础上，估算工程建设其他费用；

（3）以工程费用和工程建设其他费用为基础估算基本预备费；

（4）在确定工程费用分年投资计划的基础上估算涨价预备费；

（5）总计求得建设投资。

（二）建筑工程费估算

1. 估算内容

建筑工程费是指为建造永久性建筑物和构筑物所需要的费用，主要包括以下几部分内容：

（1）各类房屋建筑工程和列入房屋建筑工程预算的供水、供暖、卫生、通风、煤气等设备费用及其装饰、油饰工程的费用，列入建筑工程的各种管道、电力、电信和电缆导线敷设工程的费用。

（2）设备基础、支柱、工作台、烟囱、水塔、水池、灰塔等建筑工程以及各种窑炉的砌筑工程和金属结构工程的费用。

（3）建设场地的大型土石方工程、施工临时设施和完工后的场地清理、环境绿化的费用。

（4）矿井开凿、井巷延伸、露天矿剥离，石油、天然气钻井，修建铁路、公路、桥梁、水库、堤坝、灌渠及防洪等工程的费用。

2. 估算方法

建筑工程费的估算方法有单位建筑工程投资估算法、单位实物工程量投资估算法和概算指标投资估算法。

（1）单位建筑工程投资估算法。单位建筑工程投资估算法以单位建筑工程量投资乘以建筑工程总量计算。一般工业与民用建筑以单位房屋建筑面积（m^2）的投资，工业窑炉砌筑以单位容积（m^3）的投资，水库以水坝单位长度（m）的投资，铁路路基以单位长度（km）的投资，矿山掘进以单位长度（m）的投资，乘以相应的建筑工程总量计算建筑工程费。

（2）单位实物工程量投资估算法。单位实物工程量投资估算法，是以单位实物工程量投资乘以实物工程量总量来估算建筑工程费的方法。例如土石方工程按每立方米投资，路面铺设工程按每平方米投资乘以相应的实物工程量总量计算建筑工程费。

（3）概算指标投资估算法。一般情况下不采用此种方法。对于没有前两种估算指标且建筑工程费占建设投资比例较大的项目，才采用概算指标估算法。采用这种估算法，应拥有较为详细的工程资料、建筑材料价格和工程费用率。需要投入的时间和工作量较大。具体估算方法参照有关部门颁布的概算编制办法。

建筑工程费用估算后，应编制建筑工程费估算表。

［例 2－7］ 某选矿厂项目的建筑工程费估算见表 2－4。

表 2－4　某选矿厂项目建筑工程费估算

序号	建(构)筑物名称	单位	工程量	单价/元	费用合计/万元
1	粗细碎车间	m^3	1242	900	111.78
2	中碎筛分车间	m^3	1125	900	101.25
3	磨矿仓及干选废石仓	m^3	4460	430	191.78
4	主厂房	m^2	3015	1800	542.70
5	矿区 10 kV 变配电室	m^2	202	1500	30.30
6	1 号皮带机通廊	m	35	7500	26.25
7	2 号皮带机通廊	m	29	8500	24.65
8	生产新水消防高位水池	m^3	700	430	30.10
9	生活高位水池	m^3	55.64	430	2.39
10	化验室	m^2	276	1000	27.60
11	水源井泵房	m^3	145	350	5.08
12	锅炉房	m^2	648	1800	116.64
13	锅炉房变配电室	m^2	67	1500	10.05
14	柴油发电机站	m^2	121	1500	18.15
15	综合修理间	m^2	756	1800	136.08
16	桶装油库及加油站	m^2	144	1800	25.92
17	综合仓库	m^2	720	1800	129.60
18	采选车间办公室	m^2	274	1000	27.40
19	宿舍	m^2	453	1000	45.30
20	浴室	m^2	226	1200	27.12
21	食堂	m^2	176	1200	21.12
22	地下水池	m^3	300	650	19.50

续表

序号	建(构)筑物名称	单位	工程量	单价/元	费用合计/万元
23	计量室	m^2	18	1000	1.80
24	传达室	m^2	24	1000	2.40
25	厂区土石方	m^3	101 924	15	152.89
26	厂区道路	m^2	6027	110	66.30
27	厂区绿化	m^2	7534	50	37.67
28	选矿厂围墙及大门	m^2	850	300	25.50
	合计				1957.32

(三）设备购置费估算

设备及工器具购置费用由设备购置费用和工具、器具及生产家具购置费用组成。在工业建设工程项目中，设备及工器具费用与资本的有机构成相联系，设备及工器具费用占投资费用的比例大小，意味着生产技术的进步和资本有机构成的程度。

设备购置费是指为建设工程项目购置或自制的达到固定资产标准的设备、工具、器具的费用。所谓固定资产标准，是指使用年限在一年以上，单位价值在国家或各主管部门规定的限额以上。设备购置费包括设备原价和设备运杂费，即：

设备购置费＝设备原价或进口设备抵岸价＋设备运杂费

1. 国内设备购置费估算

国内设备购置费是指为建设项目购置或自制的达到固定资产标准的各种国产设备的购置费用，其公式为

国内设备购置费＝设备原价＋设备运杂费

式中，设备原价是指国产标准设备、非标准设备的原价。

1）国产标准设备原价

国产标准设备是指按照主管部门颁布的标准图纸和技术要求，由设备生产厂批量生产的，符合国家质量检验标准的设备。国产标准设备原价一般指的是设备制造厂的交货价，即出厂价。如设备由设备成套公司供应，则以订货合同价为设备原价。有的设备有两种出厂价，即带有备件的出厂价和不带有备件的出厂价。在计算设备原价时，一般按带有备件的出厂价计算。

2）国产非标准设备原价

非标准设备是指国家尚无定型标准，各设备生产厂不可能在工艺过程中采用批量生产，只能按一次订货，并根据具体的设备图纸制造的设备。非标准设备原价有多种不同的计算方法，如成本计算估价法、系列设备插入估价法、分部组合估价法、定额估价法等。但无论哪种方法都应该使非标准设备计价的准确度接近实际出厂价，并且计算方法要简便。

3）设备运杂费

设备运杂费通常包括运输费、装卸费、包装费、包装材料费、采购及仓库保管费、供销部门手续费等。如果设备是由设备成套公司供应的，成套公司的服务费也应计入设备运杂费中。

设备运杂费计算方法为

设备运杂费＝设备原价×设备运杂费率

国内设备购置费估算后，编制国内设备购置费估算表。

［**例 2－8**］　某选矿厂项目的国内设备购置费估算表见表 2－5。

表 2－5　某选矿厂项目国内设备购置费估算

序号	设备名称	单位	数量	设备购置费/万元		
				出厂价	运杂费	总价
1	粗细碎车间					
1.1	工艺设备	台	5	119.48	7.17	126.65
	其中：盲板振动给料机	台	1	9.52	0.57	10.09
	短头圆锥破碎机	台	2	100	6	106
	电动单梁起重机	台	1	4.50	0.27	4.77
	皮带机	台	1	5.46	0.33	5.79
1.2	通风设备	台	1	20.12	1.21	21.33
1.3	动力设备	台	2	1.10	0.07	1.17
2	筛分中碎车间					
2.1	工艺设备	台	4	48.21	2.89	51.10
	其中：皮带机	台	1	7.80	0.47	8.27
	圆振动筛	台	1	11.61	0.70	12.31
	颚式破碎机	台	1	24	1.44	25.44
	电动单梁悬挂起重机	台	1	4.80	0.29	5.09
2.2	通风设备	台	1	24.29	1.46	25.75
2.3	动力设备	台	2	1.4	0.08	1.48
3	磨矿仓及干选废石仓					
3.1	通风设备	台	1	17.49	1.05	18.54
3.2	动力设备	台	3	5.4	0.32	5.72
4	主厂房					
4.1	工艺设备	台	53	417.50	25.05	442.55
	其中：高堰式单螺旋分级机	台	2	35.10	2.11	37.21
	湿式溢流型球磨机	台	2	189.0	11.34	200.34
	永磁筒式磁选机	台	10	60.20	3.61	63.81
	振动给料机	台	10	4.90	0.29	5.19
	卸料车(三通)	台	1	4.44	0.27	4.71
	电磁高频振网筛	台	6	48	2.88	50.88

续表

序号	设备名称	单位	数量	设备购置费/万元		
				出厂价	运杂费	总价
	外滤式真空永磁过滤机	台	2	17.82	1.07	18.89
	永磁磁力滚筒	台	1	4.8	0.29	5.09
	皮带机	台	6	21.72	1.30	23.02
	渣浆泵	台	6	7.44	0.45	7.89
	电动单梁悬挂起重机	台	3	14.4	0.86	15.26
	自动排液装置	台	2	4.6	0.28	4.88
	真空泵	台	2	5.08	0.30	5.38
4.2	动力设备	台	8	17.60	1.06	18.66
5	矿区 10 kV 变配电室					
5.1	供配电设备	台	14	145.60	8.74	154.34
6	化验室					
6.1	检验检测设备	套	1	6.78	0.41	7.19
7	水源井泵房					
7.1	供水设备	台	2	7.0	0.42	7.42
8	锅炉房					
8.1	热力设备	套	1	47.74	2.86	50.60
8.2	动力设备	台	3	1.8	0.11	1.91
9	锅炉房供配电室					
9.1	供配电设备	台	5	21.5	1.29	22.79
10	柴油发电机站					
10.1	供配电设备	台	1	62	3.72	65.72
11	综合修理间					
11.1	机修设备	台	5	37.10	2.23	39.33
12	桶装油库及加油站					
12.1	消防设备	台	6	0.96	0.06	1.02
12.2	通风设备	台	4	1.60	0.10	1.70
13	综合仓库	—	—	14.11	0.85	14.96
13.1	吊装设备	台	1	6.43	0.39	6.82
13.2	材料架	个	80	7.68	0.46	8.14
14	污水处理设备	台	1	20.00	1.20	21.20

续表

序号	设备名称	单位	数量	设备购置费(万元)		
				出厂价	运杂费	总价
15	总图运输设备	台	7	83.02	4.98	88.00
16	调度电话系统	台	1	8.33	0.50	8.83
17	工器具及生产家具	—	—	22.2	1.33	23.50
	合计					1221.46

2. 进口设备抵岸价的构成及其计算

进口设备抵岸价是指抵达买方边境港口或边境车站，且交完关税以后的价格。

1) 进口设备的交货方式

进口设备的交货方式可分为内陆交货类、目的地交货类、装运港交货类。

内陆交货类即卖方在出口国内陆的某个地点完成交货任务。在交货地点，卖方及时提交合同规定的货物和有关凭证，并承担交货前的一切费用和风险；买方按时接受货物，交付货款，承担接货后的一切费用和风险，并自行办理出口手续和装运出口。货物的所有权也在交货后由卖方转移给买方。

目的地交货类即卖方在进口国的港口或内地交货，包括目的港船上交货价，目的港船边交货价(FOS)和目的港码头交货价(关税已付)及完税后交货价(进口国目的地的指定地点)。它们的特点是：买卖双方承担的责任、费用和风险以目的地约定交货点为分界线，只有当卖方在交货点将货物置于买方控制下方算交货，方才能向买方收取货款。这类交货价对卖方来说承担的风险较大，在国际贸易中卖方一般不愿意采用这类交货方式。

装运港交货类即卖方在出口国装运港完成交货任务，主要有装运港船上交货价(FOB)，习惯称为离岸价；运费在内价(CFR)；运费、保险费在内价(CIF)，习惯称为到岸价。它们的特点主要是：卖方按照约定的时间在装运港交货，只要卖方把合同规定的货物装船后提供货运单据便完成交货任务，并可凭单据收回货款。采用装运港船上交货价(FOB)时卖方的责任是：负责在合同规定的装运港口和规定的期限内，将货物装上买方指定的船只，并及时通知买方；负责货物装船前的一切费用和风险；负责办理出口手续；提供出口国政府或有关方面签发的证件；负责提供有关装运单据。买方的责任是：负责租船或订舱，支付运费，并将船期、船名通知卖方；承担货物装船后的一切费用和风险；负责办理保险及支付保险费，办理在目的港的进口和收货手续；接受卖方提供的有关装运单据，并按合同规定支付货款。

2) 进口设备抵岸价的构成

进口设备如果采用装运港船上交货价(FOB)，其抵岸价构成为

进口设备抵岸价＝货价＋国外运费＋国外运输保险费＋
银行财务费＋外贸手续费＋进口关税＋增值税＋
消费税＋车辆购置附加费

(1) 进口设备的货价：一般可采用下列公式计算：

货价＝ 离岸价(FOB)×人民币外汇牌价

(2) 国外运费：我国进口设备大部分采用海洋运输方式，小部分采用铁路运输方式，个别采用航空运输方式，其计算公式为

国外运费＝ 离岸价(FOB)×运费率

或：

国外运费＝ 运量×单位运价

式中，运费率或单位运价参照有关部门或进出口公司的规定。计算进口设备抵岸价时，再将国外运费换算为人民币。

(3) 国外运输保险费：对外贸易货物运输保险是由保险人(保险公司)与被保险人(出口人或进口人)订立保险契约，在被保险人交付议定的保险费后，保险人根据保险契约的规定对货物在运输过程中发生的承保责任范围内的损失给予经济上的补偿，其计算公式为

$$国外运输保险费=\frac{离岸价(FOB)+国外运费}{1-国外运输保险费率}\times 国外运输保险费率$$

(4) 银行财务费：一般指银行手续费，计算公式为

银行财务费＝离岸价(FOB)×人民币外汇牌价×银行财务费率

式中，银行财务费率一般为0.4％～0.5％。

(5) 外贸手续费：是指按商务部规定的外贸手续费率计取的费用，外贸手续费率一般取1.5％，计算公式为

外贸手续费＝ 进口设备到岸价(CIF)×人民币外汇牌价×外贸手续费率

式中，进口设备到岸价(CIF) ＝ 离岸价(FOB)＋ 国外运费＋ 国外运输保险费。

(6) 进口关税：是由海关对进出国境的货物和物品征收的一种税，计算公式为

进口关税＝ 到岸价(CIF)×人民币外汇牌价×进口关税率

(7) 增值税：是我国政府对从事进口贸易的单位和个人，在进口商品报关进口后征收的税种。我国增值税条例规定，进口应税产品均按组成计税价格，依税率直接计算应纳税额，不扣除任何项目的金额或已纳税额，计算公式为

进口产品增值税额＝ 组成计税价格×增值税率

式中，组成计税价格＝ 到岸价(CIF)×人民币外汇牌价＋进口关税＋消费税；

增值税基本税率为17％。

(8) 消费税：对部分进口产品(如轿车等)征收，计算公式为

$$消费税=\frac{到岸价(CIF)\times 人民币外汇牌价+进口关税}{1-消费税税率}\times 消费税税率$$

(9) 车辆购置附加费：是国家向购车单位和个人在购车时征收用于公路建设的专用资金，计算公式为

车辆购置附加费＝(到岸价＋关税＋消费税＋增值税)×车辆购置附加费费率

3) 进口设备国内运杂费

国内运杂费计算公式为

国内运杂费＝离岸价(FOB)×人民币外汇牌价×国内运杂费费率

[例2－9] 某集团公司为扩展业务，计划采购10辆进口车，每辆车的离岸价格是

3 万美元，海上运费和运输保险费为 1500 美元/辆，银行财务费率为 0.5%，外贸手续费率为 1.5%，进口关税税率为 22%，增值税税率为 17%，美元的外汇牌价为 1 美元折合 6.6 元人民币，车辆购置附加费费率为 10%，车辆的国内运杂费率为 3%，试估算进口车辆的抵岸价及购置费。

解： 进口车辆离岸价＝3×10×6.6＝198（万元）

海上运费和运输保险费＝1500×10×6.6＝9.9（万元）

银行财务费＝198×0.5%＝0.99（万元）

外贸手续费＝(198＋9.9)×1.5%＝3.12（万元）

进口关税＝(198＋9.9)×22%＝45.74（万元）

增值税＝(198＋9.9＋45.74)×17%＝43.12（万元）

车辆购置附加费＝(198＋9.9＋45.74＋43.12)×10%＝29.68（万元）

进口车辆抵岸价＝198＋9.9＋0.99＋3.12＋45.74＋43.12＋29.68＝330.55（万元）

进口车辆国内运杂费＝198×3%＝5.94（万元）

进口车辆购置费＝330.55＋5.94＝336.49（万元）

3. 工器具及生产家具购置费

工器具及生产家具购置费是指按照有关规定，为保证新建或扩建项目初步设计规定所必须购置的不够固定资产标准的设备、仪器、器具、生产家具和备品备件等的费用。其计算方法为

工器具及生产家具购置费＝设备购置费×定额费率

（四）安装工程费估算

1. 估算内容

安装工程费一般包括：

(1) 生产、动力、起重、运输、传动和医疗、实验等各种需要安装的机电设备、专用设备、仪器仪表等设备的安装费。

(2) 工艺、供热、供电、给排水、通风空调、净化及除尘、自控、电讯等管道、管线、电缆等的材料费和安装费。

(3) 设备和管道的保温、绝缘、防腐，设备内部的填充物等的材料费和安装费。

2. 估算方法

投资估算中安装工程费通常是根据行业或专门机构发布的安装工程定额、取费标准和指标估算。如按安装费占设备原价的百分比，按每吨设备的安装费或者按每单位安装实物工程量的费用估算，即：

安装工程费＝设备原价×安装费费率

安装工程费＝设备吨位×每吨安装费

安装工程费＝安装工程实物量×安装实物工程量费用指标

估算安装工程应编制安装工程费估算表。

［**例 2－10**］ 某选矿厂项目安装工程费估算表如表 2－6 所示。

表 2-6 某选矿厂项目安装工程费估算表

序号	安装工程名称	设备原价/万元	设备安装费率/(%)	安装工程费/万元
1	设备			
1.1	粗细碎车间			
	工艺设备	119.48	10	11.95
	通风设备	20.12	6	1.21
	动力设备	1.1	10	0.11
1.2	筛分中碎车间			
	工艺设备	48.21	10	4.82
	通风设备	24.29	6	1.46
	动力设备	1.4	10	0.14
1.3	磨矿仓及干选废石仓			
	通风设备	17.49	6	1.05
	动力设备	5.4	10	0.54
1.4	主厂房			
	工艺设备	417.50	10	41.75
	动力设备	17.60	10	1.76
1.5	矿区 10 KV 变配电室			
	供配电设备	145.60	10%	14.56
1.6	水源井泵房			
	供水设备	7	6	0.42
1.7	锅炉房			
	热力设备	47.74	25	11.94
	动力设备	1.8	10	0.18
1.8	锅炉房供配电室			
	供配电设备	21.5	10	2.15
1.9	柴油发电机站			
	供配电设备	62	10	6.20
1.10	综合修理间			
	机修设备	37.10	6	2.23
1.11	桶装油库及加油站			
	通风设备	1.70	6	0.10
1.12	污水处理设备	20.00	12	2.40

续表

序号	安装工程名称	设备原价/万元	设备安装费率/(%)	安装工程费/万元
1.13	调度电话系统	8.33	15	1.25
2	管线工程			
2.1	粗细碎车间			
	工艺管道	—	—	4.73
	动力管线	—	—	38.94
2.2	筛分中碎车间			
	工艺管道	—	—	5.53
	动力管线	—	—	4.59
2.3	磨矿仓及干选废石仓			
	动力管线	—	—	5.7
2.4	主厂房			
	动力管线	—	—	52.95
2.5	锅炉房			
	动力管线	—	—	12.95
2.6	厂区工程			
	厂区给排水	—	—	159.14
	厂区热力管网	—	—	249.76
	厂区外线	—	—	95.44
	外部供电线路	—	—	93
	厂区防雷接地	—	—	9.75
	合计	—	—	838.70

[例 2-11] 按例 2-7、例 2-8、例 2-10 给出的条件，求某选矿厂项目的工程费用。

解：某选矿厂项目的工程费用＝建筑工程费＋设备购置费＋安装工程费

＝1957.32＋1 221.46＋838.7＝4017.48(万元)

（五）工程建设其他费用估算

工程建设其他费用是指工程项目从筹建到竣工验收交付使用为止的整个建设期间，除建筑安装工程费用、设备及工器具购置费以外的，为保证工程建设顺利完成和交付使用后能够正常发挥效用而发生的一些费用。

工程建设其他费用，按其内容大体可分为三类。第一类为土地使用费，由于工程项目固定于一定地点与地面相连接，必须占用一定量的土地，也就必然要发生为获得建设用地而支付的费用；第二类是与项目建设有关的费用；第三类是与未来企业生产和经营活动有关的费用。

1. 土地使用费

土地使用费是指按照国家和地方人民政府规定，建设项目要取得所需土地的使用权，必须支付征地补偿费或土地使用权出让金或者租用土地使用权的费用。

（1）土地征收或者征用及迁移补偿费，指建设项目通过划拨方式取得无限期的土地使用权，依照《中华人民共和国土地管理法》等规定所支付的费用，包括：

① 土地补偿费，指征用耕地补偿费，被征用土地附着物及育苗补偿费、菜地开发建设基金、土地使用税、征用管理费。

② 征用耕地安置补偿费，指征用耕地需要安置农业人口的补助费。

③ 征地动迁费，指征用土地上房屋及周筑物的拆除、拆迁补偿费，企业因搬迁造成的减产停产补贴费、拆迁管理费。

（2）土地使用权出让金，指建设项目通过土地使用权出让方式，取得有限期的土地使用权。《中华人民共和国城镇国有土地使用权出让和转让暂行条例》规定所支付的土地使用权出让金。

（3）租地费用，指建设项目租用土地使用权所支付的租地费用。

2. 与项目建设有关的费用

（1）建设单位管理费，指建设单位从筹建之日起至办理竣工财务决算之日止所发生的管理性质开支。

（2）建设项目前期工作咨询费，指建设项目前期工作的咨询收费，包括编制和评估项目建议书、编制和评估可行性研究报告，以及其他与建设项目前期工作有关的咨询服务收费。

（3）勘察设计费，指建设单位委托勘察设计单位为建设项目进行勘察、设计等所需费用。

① 工程勘察费，指测绘、勘探、取样、试验、测试、检测、监测等勘查作业，以及编制工程勘察文件和岩土工程设计文件等收取的费用。

② 工程设计费，指编制初步设计文件、施工图设计文件、非标准设备设计文件、施工图预算文件、竣工图文件等服务所收取的费用。

（4）工程建设监理费，指建设单位委托工程监理单位实施工程监理的费用。包括设计阶段监理和施工阶段监理。

（5）环境影响评价费，指按照《中华人民共和国环境保护法》《中华人民共和国环境影响评价法》对建设项目进行环境影响全面评价的费用，包括编制环境影响报告表、环境影响报告书和评估环境影响报告表、环境影响报告书所需的费用。

（6）招标代理服务费，指招标代理机构接受招标人委托，从事招标业务所需的费用。包括编制招标文件，审查投标人资格，组织投标人踏勘现场并答疑，组织开标、评标、定标，以及提供招标前期咨询、协调合同的签订等业务。

（7）工程保险费，指建设工程项目在建设期间根据需要对建筑工程、安装工程、机器设备和人身安全进行投保而发生的保险费用。

（8）场地准备及临时设施费，指建设场地准备费和建设单位临时设施费。场地准备费是指建设工程项目为达到工程开工条所发生的场地平整和对建设场地遗留的有碍于施工建设的设施进行拆除清理的费用；建设单位临时设施费是指施工现场的临时用水、电、路、讯、气等工程和建设单位办公、仓储等临时用房。

3. 与未来企业生产和经营活动有关的费用

1）联合试运转费

联合试运转费是指新建项目或新增加生产能力的项目，在交付生产前按照批准的设计文件所规定的工程质量标准和技术要求，进行整个生产线或装置的负荷联合试运转或局部联动试车所发生的费用净支出(试运转支出大于收入的差额部分费用)。

2）生产准备费

生产准备费是指新建项目或新增生产能力的项目，为保证竣工交付使用进行必要的生产准备所发生的费用。费用内容包括：

(1) 生产职工培训费。自行培训、委托其他单位培训人员的工资、工资性补贴、职工福利费、差旅交通费、学习资料费、学费、劳动保护费。

(2) 生产单位提前进厂参加施工、设备安装、调试等以及熟悉工艺流程及设备性能等人员的工资、工资性补贴、职工福利费、差旅交通费、劳动保护费等。

3）办公和生活家具购置费

办公和生活家具购置费是指为保证新建、改建、扩建项目初期正常生产、使用和管理所必须购置的办公和生活家具、用具的费用。

工程建设其他费用的具体科目及取费标准应根据项目的具体特点、国家投资、建设管理体制改革等方面的变动及各级政府物价部门有关规定而进行相应的调整。

工程建设其他费用按各项费用的费率或者取费标准估算后，应编制工程建设其他费用估算表。

[例 2-12] 某选矿厂项目的工程建设其他费用估算表(如表 2-7 所示)。

表 2-7　某选矿厂项目的工程建设其他费用估算

序号	费用名称	计算依据	费率或标准	总价/万元
1	土地使用费	80 亩	7 万元/亩	560
2	建设单位管理费	工程费	1.1%	44.19
3	生产职工培训费	280 人	1200	33.6
4	生产职工提前进厂费	280 人	6000	168
5	办公及生活家具购置费	280 人	1000	28
6	联合试运转费	设备购置费	0.6%	7.33
7	前期工作咨询费	工程费	1%	40.17
8	环境影响咨询费	行业标准	—	7.5
9	工程设计费	工程费	3.6%	144.63
10	临时设施费	建筑安装工程费	1%	31.79
11	工程监理费	工程费	2%	80.35
	合计	—	—	1145.56

（六）基本预备费估算

基本预备费估算是指估算在项目实施中可能发生，但在项目决策阶段难以预料的支出而预留的费用，又称工程建设不可预见费。基本预备费一般由下列四项内容构成：

（1）在批准设计范围内的设计变更；

（2）一般自然灾害造成的损失和预防自然灾害所采取措施的费用；

（3）竣工验收时对隐蔽工程进行必要的挖掘和修复费用；

（4）超长、超宽、超重引起的运输增加费用等。

计算公式如下：

基本预备费＝（工程费用＋工程建设其他费用）×基本预备费费率

在河北省基本预备费费率一般按5％～10％计取。

［例2-13］ 按例2-7、例2-8、例2-10、例2-12给出的条件，做出某选矿厂项目的基本预备费估算。

解：参照行业规定，基本预备费费率取10％。

基本预备费＝（1957.32＋1221.46＋838.7＋1145.56）×10％

＝516.3（万元）

（七）涨价预备费

涨价预备费是指建设项目在建设期间由于价格变化引起造价变化的预留费用，亦称为价格变动不可预见费。涨价预备费以分年的工程费用为计算基数，计算公式为

$$PC=\sum_{t=1}^{n}I_t[(1+f)^t-1]$$

式中，PC——涨价预备费；

I_t——第t年的工程费用；

f——建设期价格上涨指数；

n——建设期；

t——年份。

［例2-14］ 按例2-7的条件，做出某选矿厂项目的涨价预备费估算。

该项目建设期2年，按照实施进度，工程费用使用比例第1年为45％，第2年为55％；建设期的物价上涨指数取5％。

解： 第1年工程费用＝4017.48×45％＝1807.87（万元）

第1年涨价预备费＝1807.87×［（1＋5％）－1］＝90.39（万元）

第2年工程费用＝4017.48×55％＝2209.61（万元）

第2年涨价预备费＝2209.61×［（1＋5％）^{2}－1］＝226.49（万元）

该项目涨价预备费＝90.39＋226.49＝316.88（万元）

根据计投资（1999）1340号文规定，涨价预备费不计取。

（八）汇总编制建设投资估算表

上述各项费用估算完毕后应编制建设投资估算表。

［例2-15］ 某选矿厂项目的建设投资估算表如表2-8所示。

表 2-8 某选矿厂项目建设投资估算

序号	工程或费用名称	建筑工程费/万元	设备购置费/万元	安装工程费/万元	其他费用/万元	合 计/万元	比例/(%)
1	工程费用	1957.32	1221.46	838.70	—	4017.48	67.00
1.1	选矿系统	1088.80	874.48	191.79	—	2155.07	35.94
1.1.1	粗细碎车间	111.78	149.15	56.94	—	317.87	—
	建筑	111.78	—	—	—	111.78	—
	工艺设备	—	126.65	11.95	—	138.60	—
	工艺管道	—	—	4.73	—	—	—
	通风设备	—	21.33	1.21	—	22.54	—
	动力设备及管线	—	1.17	39.05	—	40.22	—
1.1.2	筛分中碎车间	101.25	78.33	16.54	—	196.12	—
	建筑	101.25	—	—	—	101.25	—
	工艺设备	—	51.1	4.82	—	55.92	—
	工艺管道	—	—	5.53	—	—	—
	通风设备	—	25.75	1.46	—	27.21	—
	动力设备及管线	—	1.48	4.73	—	6.21	—
1.1.3	磨矿仓及干选废石仓	191.78	24.26	7.29	—	223.33	—
	建筑	191.78	—	—	—	191.78	—
	通风设备	—	18.54	1.05	—	19.59	—
	动力设备及管线	—	5.72	6.24	—	11.96	—
1.1.4	主厂房	542.70	461.21	96.46	—	1100.37	—
	建筑	542.70	—	—	—	542.70	—
	工艺设备	—	442.55	41.75	—	484.30	—
	动力设备及管线	—	18.66	54.71	—	73.37	—
1.1.5	矿区 10 kV 变配电室	30.30	154.34	14.56	—	199.20	—
	建筑	30.30	—	—	—	30.30	—
	供配电设备	—	154.34	14.56	—	168.90	—
1.1.6	1 号皮带机通廊	26.25	—	—	—	26.25	—
	建筑	26.25	—	—	—	26.25	—
1.1.7	2 号皮带机通廊	24.65	—	—	—	24.65	—
	建筑	24.65	—	—	—	24.65	—
1.1.8	生产新水消防高位水池	30.10	—	—	—	30.10	—

续表一

序号	工程或费用名称	建筑工程费/万元	设备购置费/万元	安装工程费/万元	其他费用/万元	合　计/万元	比例/(%)
	建筑	30.10	—	—	—	30.10	—
1.1.9	生活高位水池	2.39	—	—	—	2.39	—
	建筑	2.39	—	—	—	2.39	—
1.1.10	化验室	27.60	7.19	—	—	34.79	—
	建筑	27.60	—	—	—	27.60	—
	检验检测设备	—	7.19	—	—	7.19	—
1.2	供水设施	5.08	7.42	0.42	—	12.92	0.22
1.2.1	水源井泵房	5.08	7.42	0.42	—	12.92	—
	建筑	5.08	—	—	—	5.08	—
	供水设备	—	7.42	0.42	—	7.84	—
1.3	供热设施	126.69	75.30	27.22	—	229.21	3.82
1.3.1	锅炉房	116.64	52.51	25.07	—	194.22	—
	建筑	116.64	—	—	—	116.64	—
	热力设备	—	50.60	11.94	—	62.54	—
	动力设备及管线	—	1.91	13.13	—	15.04	—
1.3.2	锅炉房变配电室	10.05	22.79	2.15	—	34.99	—
	建筑	10.05	—	—	—	10.05	—
	供配电设备	—	22.79	2.15	—	24.94	—
1.4	供电设施	18.15	65.72	6.20	—	90.07	1.50
1.4.1	柴油发电机站	18.15	65.72	6.20	—	90.07	
	建筑	18.15	—	—	—	18.15	—
	供配电设备	—	65.72	6.20	—	71.92	
1.5	机修及辅助设施	291.60	57.01	2.33	—	350.94	5.85
1.5.1	综合修理间	136.08	39.33	2.23	—	177.64	
	建筑	136.08	—	—	—	136.08	—
	机修设备	—	39.33	2.23	—	41.56	—
1.5.2	桶装油库及加油站	25.92	2.72	0.10	—	28.74	—
	建筑	25.92	—	—	—	25.92	—
	消防设备	—	1.02	—	—	1.02	—
	通风设备	—	1.70	0.10	—	1.80	—

续表二

序号	工程或费用名称	建筑工程费/万元	设备购置费/万元	安装工程费/万元	其他费用/万元	合　计/万元	比例/(%)
1.5.3	综合仓库	129.60	14.96	—	—	144.56	—
	建筑	129.60	—	—	—	129.60	—
	吊装设备及材料架	—	14.96	—	—	14.96	—
1.6	服务性工程	140.44	21.20	2.40	—	164.04	2.74
1.6.1	采选车间办公室	27.40	—	—	—	27.40	—
1.6.2	宿舍	45.30	—	—	—	45.30	—
1.6.3	浴室	27.12	—	—	—	27.12	—
1.6.4	食堂	21.12	—	—	—	21.12	—
1.6.5	地埋式污水处理设施	19.50	21.20	2.40	—	43.10	—
1.7	厂区工程	286.56	96.83	608.34	—	991.73	16.54
1.7.1	计量室	1.80	—	—	—	1.80	—
1.7.2	传达室	2.40	—	—	—	2.40	—
1.7.3	厂区土石方	152.89	—	—	—	152.89	—
1.7.4	厂区道路	66.30	—	—	—	66.30	—
1.7.5	厂区绿化	37.67	—	—	—	37.67	—
1.7.6	厂区围墙及大门	25.50	—	—	—	25.50	—
1.7.7	总图运输设备	—	88.00	—	—	88.00	—
1.7.8	厂区给排水	—	—	159.14	—	159.14	—
1.7.9	厂区热力管网	—	—	249.76	—	249.76	—
1.7.10	厂区外线	—	—	95.44	—	95.44	
1.7.11	外部供电线路	—	—	93.00	—	93.00	—
1.7.12	厂区防雷接地	—	—	9.75	—	9.75	—
1.7.13	调度电话系统	—	8.83	1.25	—	10.08	—
1.8	工器具及生产家具购置费	—	23.50	—	—	23.50	0.39
2	工程建设其他费用	—	—	—	1145.56	1145.56	19.10
2.1	土地使用费	—	—	—	560.00	560.00	—
2.2	建设单位管理费	—	—	—	44.19	44.19	—
2.3	生产职工培训费	—	—	—	33.60	33.60	—
2.4	生产职工提前进厂费	—	—	—	168.00	168.00	—

续表三

序号	工程或费用名称	建筑工程费/万元	设备购置费/万元	安装工程费/万元	其他费用/万元	合　计/万元	比例/(%)
2.5	办公及生活家具购置费	—	—	—	28.00	28.00	—
2.6	联合试运转费	—	—	—	7.33	7.33	—
2.7	前期工作咨询费	—	—	—	40.17	40.17	—
2.8	环境影响咨询费	—	—	—	7.50	7.50	—
2.9	工程设计费	—	—	—	144.63	144.63	—
2.10	临时设施费	—	—	—	31.79	31.79	—
2.11	工程监理费	—	—	—	80.35	80.35	—
3	预备费	—	—	—	833.18	833.18	13.90
3.1	基本预备费	—	—	—	516.30	516.30	—
3.2	涨价预备费	—	—	—	316.88	316.88	—
4	建设投资	1957.32	1221.46	838.70	1978.75	5996.22	100.00
	投资比例(%)	32.64	20.37	13.99	33.00	100.00	—

第三节　建设期利息估算

一、建设期利息概述

建设期利息是债务资金在建设期内发生并应计入固定资产原值的利息，包括借款利息及手续费、承诺费、管理费等财务费用。

二、建设期利息的估算方法

估算建设期利息应按有效利率计息。

项目在建设期内如能按期支付利息，应按单利计息；在建设期内如只计不付利息，应按复利计息。

项目评价中对借款额在建设期各年年内按月、按季均衡发生的项目计算建设期利息时，为了简化计算，通常假设借款均在每年的年中使用，按半年计息，其余各年份按全年计息，计算公式为

$$各年应计利息=\left(年初借款本息累计+\frac{本年借款额}{2}\right)\times 年利率$$

［例 2-16］　某选矿厂项目的建设期利息估算。该项目分年投资计划、资本金分年投入计划及各年需借款数额见表 2-9。该项目建设投资借款在各年年内均衡发生，并用项目

资本金按期支付建设期利息，年利率为5.76%，每年计息一次，计算其建设期利息。

解： 第1年应计利息 $=\frac{1725.13}{2}\times 5.76\%=49.68$(万元)

第2年应计利息 $=(1725.13+\frac{1872.61}{2})\times 5.76\%=153.30$(万元)

建设期利息共计：49.68+153.30=202.98(万元)

表2-9　分年资金投入计划　　万元

序号	工程或费用名称	建设期		合计
		第一年	第二年	
1	建设投资	2875.20	3121.02	5996.22
1.1	工程费用	1807.87	2209.61	4017.48
1.2	工程建设其他费用	744.61	400.95	1145.56
1.3	基本预备费	232.33	283.97	516.3
1.4	涨价预备费	90.39	226.49	316.88
2	用于建设投资的项目资本金	1150.08	1248.41	2398.49
3	建设投资借款	1725.13	1872.61	3597.74

第四节　流动资金估算

流动资金是指项目运营期内长期占用并周转使用的营运资金。

流动资金估算可按行业或前期研究的不同阶段选用扩大指标估算法或分项详细估算法估算。扩大指标估算法简便易行，但准确度不高，在项目初步可行性研究阶段可采用扩大指标估算法，某些流动资金需要量小的项目在可行性研究阶段也可采用扩大指标估算法。分项详细估算法虽工作量较大，但准确度较高，一般项目在可行性研究阶段应采用分项详细估算法。

一、扩大指标估算法

扩大指标估算法是参照同类企业流动资金占营业收入的比例(营业收入资金率)或流动资金占经营成本的比例(经营成本资金率)或单位产量占用流动资金的数额来估算流动资金，计算公式分别为

流动资金=年营业收入额×营业收入资金率

或

流动资金=年经营成本×经营成本资金率

或

流动资金=达产期年产量×单位产量占用流动资金额

二、分项详细估算法

分项详细估算法是对流动资产和流动负债主要构成要素，即存货、现金、应收账款、预付账款、应付账款和预收账款等项内容分项进行估算，最后得出项目所需的流动资金数额，计算公式为

$$流动资金=流动资产-流动负债$$

$$流动资产=应收账款+预付账款+存货+现金$$

$$流动负债=应付账款+预收账款$$

$$流动资金本年增加额=本年流动资金-上年流动资金$$

流动资金估算的具体步骤是首先确定各分项的最低周转天数，计算出各分项的年周转次数，然后再分项估算占用资金额。

（一）各项流动资产和流动负债最低周转天数的确定

采用分项详细估算法估算流动资金，其准确度取决于各项流动资产和流动负债的最低周转天数取值的合理性。在确定最低周转天数时要根据项目的实际情况，并考虑一定的保险系数。如存货中的外购原材料、燃料的最低周转天数应根据不同来源，考虑运输方式和运输距离等因素分别确定。产品的最低周转天数应根据产品生产的实际情况确定。

（二）年周转次数计算

$$年周转次数=\frac{360\ 天}{最低周转天数}$$

各类流动资产和流动负债的最低周转天数参照同类企业的平均周转天数并结合项目特点确定，或按部门(行业)规定执行。

（三）流动资产估算

流动资产是指可以在 1 年或者超过 1 年的一个营业周期内变现或耗用的资产。为简化计算，项目评价中仅考虑存货、应收账款和现金三项，对于发生预付账款的某些项目，还可包括预付账款。

1. 存货的估算

存货是企业为销售或耗用而储备的各种货物，主要有原材料、辅助材料、燃料、低值易耗品、在产品、产成品等。为简化计算，仅考虑外购原材料、外购燃料、在产品和产成品，计算公式为

$$存货=外购原材料+外购燃料+在产品+产成品$$

式中，$外购原材料=\frac{年外购原材料费用}{外购原材料年周转次数}$；

$$外购燃料=\frac{年外购燃料费用}{外购燃料年周转次数}；$$

$$在产品=\frac{年外购原材料、燃料动力费+年工资及福利费+年修理费+年其他制造费用}{在产品年周转次数}；$$

$$产成品=\frac{年经营成本-年其他营业费用}{产成品年周转次数}。$$

2. 应收账款估算

应收账款是指企业已对外销售商品、提供劳务尚未收回的资金，计算公式为

$$应收账款=\frac{年经营成本}{应收账款年周转次数}$$

3. 现金估算

项目评价中的现金是指货币资金，即为维持日常生产运营停留于货币形态的那部分资金，包括库存现金和银行存款，计算公式为

$$现金=\frac{年工资及福利费+年其他费用}{现金年周转次数}$$

式中，

年其他费用＝制造费用＋管理费用＋营业费用－

（以上三项费用中所含的工资及福利费、折旧费、摊销费、修理费）

或

年其他费用＝其他制造费用＋其他营业费用＋其他管理费用

＋技术转让费＋研究与开发费＋土地使用税

4. 预付账款估算

预付账款是指企业为购买各类原材料、燃料或服务所预先支付的款项，计算公式为

$$预付账款=\frac{预付的各类原材料、燃料或服务年费用}{预付账款年周转次数}$$

（四）流动负债估算

流动负债是指将在 1 年或者超过 1 年的一个营业周期内需要偿还的各种债务，在可行性研究中，为简化计算，流动负债的估算只考虑应付账款。将发生预收账款的某些项目，还可包括预收账款。

1. 应付账款估算

应付账款是因购买材料、商品或接受劳务等发生的债务，是买卖双方在购销活动中由于取得物资与支付货款在时间上不一致而产生的负债，计算公式为

$$应付账款=\frac{年外购原材料、燃料、动力和其他材料费用}{应付账款年周转次数}$$

2. 预收账款估算

预收账款是买卖双方协议商定，由购买方预先支付一部分货款给销售方，从而形成销售方的负债，计算公式为

$$预收账款=\frac{预收的营业收入年金额}{预收账款年周转次数}$$

估算流动资金应编制流动资金估算表。

［**例 2－17**］　某选矿厂项目的流动资金估算。

该项目依据市场调研，确定计算期第 3 年（即投产第 1 年）生产负荷为 60％，计算期第 4 年起生产负荷为 100％。该项目经营成本数据见表 2－10。

表 2-10　某选矿厂项目的经营成本数据　　万元

序号	项目	合计	生产期	
			第 3 年	第 4～17 年
1	外购原材料	61 402.35	2523.39	4205.64
1.1	采砂、运输材料费	6981.43	286.91	478.18
1.2	选矿材料费	54 120.01	2224.11	3706.85
1.3	包装费	300.91	12.37	20.61
2	燃料动力	20 516.21	843.13	1405.22
3	工资总额	15 120	1008	1008
4	修理费	10 578	705.2	705.2
5	其他制造费用	6421.5	428.1	428.1
6	其他管理费用	4116.3	274.42	274.42
7	经营成本	118 154.36	5782.24	8026.58

根据该项目生产、销售的实际情况确定其各项流动资产和流动负债的最低周转天数为：应收账款、应付账款均为 30 天；存货中各项原材料平均为 30 天，在产品为 2 天，产成品为 5 天；现金为 30 天；该项目不需外购燃料。据此估算的该项目流动资金数额见表 2-11。

表 2-11　某选矿厂项目流动资金估算

序号	项目	最低周转天数	周转次数	生产期	
				第 3 年	第 4～17 年
1	流动资产	—	—	945.58	1316.44
1.1	应收账款	30	12	481.85	668.88
1.2	存货	—	—	321.19	505.02
1.2.1	原材料	30	12	210.28	350.47
1.2.2	在产品	2	180	30.60	43.07
1.2.3	产成品	5	72	80.31	111.48
1.3	现金	30	12	142.54	142.54
2	流动负债	—	—	280.54	467.57
2.1	应付账款	30	12	280.54	467.57
3	流动资金	—	—	665.04	848.87
4	流动资金本年增加额	—	—	—	183.83

第五节　项目总投资与分年投资计划

一、项目总投资估算表的编制

按投资估算内容和估算方法估算上述各项投资并进行汇总，编制项目总投资估算表。

[例 2－18]　某选矿厂项目的项目总投资估算表如表 2－12 所示。

表 2－12　某选矿厂项目总投资估算

序号	费用名称	投资额/万元	占总投资的比例/(%)	估算说明
1	建设投资	5996.22	85.08	—
1.1	建筑工程费	1957.32	27.78	—
1.2	设备购置费	1221.46	17.33	—
1.3	安装工程费	838.70	11.90	—
1.4	工程建设其他费	1145.56	16.25	—
1.5	基本预备费	516.30	7.32	—
1.6	涨价预备费	316.88	4.50	—
2	建设期利息	202.98	2.88	—
3	流动资金	848.87	12.04	—
	项目总投资(1＋2＋3)	7048.07	100	—

二、分年投资计划表的编制

估算出项目建设投资、建设期利息和流动资金，应根据项目计划进度的安排，编制分年投资计划表。

该表中的分年建设投资可以作为安排融资计划的基础。流动资金本来就是分年估算的，可由流动资金估算表转入。

分年投资计划表是编制项目资金筹措计划表的基础。分年投资计划表示例见表 2－13 所示。

表 2－13　分年投资计划　　　　万元

序号	项目	1	2	…	n
1	建设投资				
2	建设期利息				
3	流动资金				
	项目总投资(1＋2＋3)				

复习思考题

1. 项目总投资是由哪几部分费用组成的?

2. 投资估算在建设项目投资决策的各个阶段对于准确度有什么要求?

3. 建设投资的简单估算法有几种? 分别适用于建设项目投资决策的哪个阶段?

4. 使用建设投资的分类估算法如何进行估算?

5. 建筑工程费的估算内容包括哪些? 估算方法有几种?

6. 进口设备抵岸价是由哪些费用组成的? 进口设备购置费、进口设备抵岸价、进口设备到岸价之间存在着什么样的关系?

7. 安装工程费的估算内容包括哪些? 估算方法有几种?

8. 工程建设其他费可以分为哪几类费用?

9. 基本预备费包括哪些内容? 如何进行估算?

10. 涨价预备费的估算基数是哪项费用? 如何进行具体估算?

11. 建设期利息如何估算? 在估算中应注意哪些问题?

12. 流动资金的估算方法有几种? 分别适用于建设项目投资决策的哪个阶段? 如何进行估算?

第三章　建设项目融资方案分析

学习目标和要求

1. 掌握融资主体及融资类型；
2. 熟悉我国的项目资本金制度和相关规定；
3. 掌握资本金筹措和债务资金筹措的方式；
4. 了解新兴基础设施项目融资方式；
5. 能够对简单案例进行融资方案的设计。

资金筹措又称融资，是以一定的渠道为某种特定活动筹集所需资金的各种活动的总称。融资方案一般是在投资估算的基础上，研究拟建项目所需资金的获得渠道、融资形式、融资方案等，作为资金筹措和财务评价的依据。

第一节　融资主体及融资类型

一、融资主体

项目的融资主体是指进行项目融资活动并承担融资责任和风险的经济实体。

项目的融资主体应是项目法人。

二、融资主体的类型

一般融资主体分为既有法人融资主体和新设法人融资主体。

（一）既有法人融资

既有法人融资是指以既有法人作为项目法人进行项目建设的融资活动。

1. 特点

既有法人融资的特点如下：

(1) 拟建项目不组建新的项目法人，由既有法人统一组织融资活动并承担融资责任和风险；

(2) 拟建项目一般是在既有法人资产和信用的基础上进行的，并形成增量资产；

(3) 一般从既有法人的财务整体状况考察融资后的偿债能力。

2. 融资目的

既有法人融资的融资目的如下：

(1) 既有法人为解决企业生产经营过程中资金短缺问题而进行融资；

(2) 既有法人为扩大生产能力而兴建的扩建项目或原有生产线的技术改造项目；

(3) 既有法人为新增生产经营所需水、电、气等动力供应及环境保护设施而兴建的项目。

3. 融资条件

既有法人融资的融资条件如下：

(1) 拟融资的项目与既有法人的资产以及经营活动联系密切；

(2) 既有法人具有为项目进行融资和承担全部融资责任的经济实力；

(3) 拟建项目盈利能力较差，但项目对整个企业的持续发展具有重要作用，需要利用法人的整体资信获得债务资金。

(二) 新设法人融资

新设法人融资是指组建新的项目法人并进行项目建设的融资活动。

1. 特点

新设法人融资的特点如下：

(1) 项目投资由新设法人筹集的资本金和债务资金构成；

(2) 由新设法人承担融资责任和风险；

(3) 从项目投产后的经济效益情况考察偿债能力。

2. 融资目的

新设法人融资的融资目的如下：

(1) 新设法人为解决新建项目建设资金来源进行融资；

(2) 新设法人为解决企业生产经营过程中资金短缺问题而进行融资；

3. 融资条件

新设法人融资的融资条件如下：

(1) 项目发起人希望拟建项目的生产经营活动相对独立，且拟建项目与既有法人的经营活动联系不密切；

(2) 拟建项目的投资规模较大，既有法人财务状况较差，不具有为项目进行融资和承担全部融资责任的经济实力，需要新设法人募集股本金；

(3) 项目自身具有较强的盈利能力，依靠项目自身未来的现金流量可以按期偿还债务。

三、项目的融资类型

项目资金通常由权益资金和债务资金组成。一般来说，根据项目的资金组成，项目的融资就可分为权益融资和负债融资。

1. 权益融资

权益融资形成项目的资本金。我国的项目资本金制度规定国内投资建设的项目必须按照国务院规定筹集必要的资本金，杜绝“无本项目”的存在。因此，权益融资在我国项目资金筹措中具有强制性。

权益融资的特点如下：

(1) 权益融资筹措的资金具有永久性特点，无到期日，不需归还。项目资本金是保证项目投资对资金的最低需求，是维持项目长期稳定运营的基本前提。

(2) 没有固定的按期还本付息的压力。股利的支付与否和支付多少，视项目投产运营后的实际经营效果而定，因此项目企业法人的财务负担相对较小，融资风险较低。

(3) 权益融资是负债融资的基础。权益融资是项目投资最基本的资金来源，它体现着项目所依托的企业法人的实力，是其他融资方式的基础。尤其可为债权人提供保障，增强公司的举债能力。

2. 负债融资

负债融资是指通过银行贷款、发行债券等负债融资方式所筹集的资金。

负债融资的特点如下：

(1) 筹集的资金在使用上具有时间性限制，必须按期偿还。

(2) 无论项目企业法人今后经营效果好坏，均需固定支付债务利息，从而形成项目企业法人今后的财务负担。

(3) 负债融资不会分散对项目未来权益的控制权。

因此，资金筹措可以分为资本金筹措和债务资金筹措。

第二节 资本金筹措

一、项目资本金的概念

项目资本金是指在项目总投资中，由投资者认缴的出资额，这部分资金对项目的法人而言属非债务资金，投资者可以转让其出资，但不能以任何方式抽回。投资人获得公司的产权。

相对于提供债务融资的债权人来说，项目的资本金后于负债受偿，可以降低债权人债权回收风险。资本金是获得负债融资的一种信用基础。

二、项目资本金制度

为了建立投资风险约束机制、有效地控制投资规模、提高投资效益，国家对于固定资产投资项目实行资本金制度。根据国务院规定，从1996年开始，国有单位和集体投资项目必须首先落实资本金才能进行建设。个体和私营企业的经营性投资项目参照执行。公益性投资项目不实行资本金制度。

1. 国内投资项目资本金比例

投资项目资本金的具体比例，由项目审批单位在审批可行性研究报告时核定。经国务院批准，对个别情况特殊的国家重点项目，可以适当降低资金本金的比例。作为计算资本金基数的总投资，是指投资项目建设投资、建设期利息与铺底流动资金之和。

根据2015年国发[2015] 51号文，即《国务院关于调整和完善固定资产投资项目资本金制度的通知》国内投资项目资本金占总投资的比例，根据不同行业和项目的经济效益等因素确定，具体规定如表 3－1 所示。

表 3－1　国内投资项目资本金占项目总投资的比例

序号	投资行业	项目资本金占项目总投资的比例
1	钢铁、电解铝	40％及以上
2	水泥	35％及以上
3	煤炭、电石、铁合金、烧碱、焦炭、黄磷、多晶硅项目	30％及以上
4	化肥（钾肥除外）、港口、沿海及内河航运、机场项目、其他房地产开发项目（除保障性住房和普通商品住房）	25％及以上
5	城市轨道交通、铁路、公路、保障性住房和普通商品住房、玉米深加工、电力	20％及以上

文件还规定，城市地下综合管廊、城市停车场项目，以及经国务院批准的核电站等重大建设项目，可以在规定最低资本金比例基础上适当降低。

投资项目资本金可以用货币出资，也可以用实物、工业产权、非专利技术、土地使用权作价出资。

2. 外商投资项目资本金比例

外商投资项目（包括外商投资、中外合资、中外合作经营项目）的资本金需要按照外商投资企业的有关法规执行。有关法规要求，外商投资企业的注册资本应与生产经营规模相适应，并规定了注册资本占投资总额（指建设投资、建设期利息和流动资金之和）的最低比例，具体规定见表 3－2 所示。

表 3－2　外商投资项目资本金占投资总额的最低比例

序号	投资总额	注册资本占总投资的最低比例	附加条件
1	300 万美元以下（含 300 万美元）	70％	—
2	300～1000 万美元（含 1000 万美元）	50％	其中投资总额 420 万美元以下的，注册资金不低于 210 万美元
3	1000～3000 万美元（含 3000 万美元）	40％	其中投资总额在 1250 万美元以下的，注册资金不低于 500 万美元
4	3000 万美元以上	1/3	其中投资总额在 3600 万美元以下的，注册资金不低于 1200 万美元

三、既有法人项目资本金筹措

既有法人项目的资本金由既有法人负责筹集。既有法人可用于项目资本金的资金来源分为内、外两个方面。

（一）内部资金来源

内部资金来源是既有法人的自有资金。自有资金主要来源于以下几个方面。

1. 企业的现金

企业库存现金和银行存款可以由企业的资产负债表得以反映，其中有一部分可以投入项目。即扣除保持必要的日常经营所需货币资金额，多余的资金可以用于项目投资。

2. 未来生产经营中获得的可用于项目的资金

在未来的项目建设期间，企业可从生产经营中获得新的现金，扣除生产经营开支及其他必要开支之后，剩余部分可以用于项目投资。

3. 企业资产变现

企业可以将现有资产转让变现，取得现金用于新项目投资。企业资产变现通常包括：短期投资、长期投资、固定资产、无形资产的变现。流动资产中的应收账款等款项降低，可以增加企业可以使用的现金，存货降低有同样的作用。

4. 企业产权转让

企业可以将原有的产权部分或全部转让给他人，换取资金用于新项目的资本金投资。例如某公司将其已建成的一条高速公路的30％的经营权转让给另一家公司，转让价格为未来30年这条高速公路收益的30％，将取得的资金用于建设另一条高速公路。

资产变现表现为一个企业资产总额构成的变化，即非现金货币资产的减少，现金货币资产的增加，而资产总额并没有发生变化。产权转让则是企业资产控制权或产权结构发生变化，对于原有的产权人，经转让后其控制的企业原有资产的资产总量会减少。

（二）外部资金来源

外部资金来源主要是既有法人通过在资本市场发行股票和企业增资扩股，以及一些准资本金手段，如优先股，来获取外部投资人的权益资金投入，用于新上项目的资本金。

1. 企业增资扩股

企业可以通过原有股东增资以及吸收新股东增资扩股，包括国家股、企业法人股、个人股和外资股的增资扩股。

2. 优先股

优先股是一种介于股本资金与负债之间的融资方式，优先股股东不参与公司的经营管理，没有公司的控制权。发行优先股通常不需要还本；但要支付固定股息，固定股息通常高于银行贷款利息。优先股相对于其他借款融资通常处于较后的受偿顺序，对于项目公司的其他债权人来说可以视为项目的资本金。而对于普通股股东来说，优先股通常要优先受偿，是一种负债。

四、新设法人项目资本金筹措

新设法人项目的资本金由新设法人负责筹集。新设法人项目资本金的形成分为两种形式。

1. 在新法人设立时由发起人和投资人按项目资本金额度要求提供足额资金

按照资本金制度的相关规定，应由投资人或项目的发起人认缴或筹集足够的资本金提供给新法人。这种形式的资本金通常以注册资本的方式投入。

2. 在资本市场募集股本资金

在资本市场募集股本资金可以采取私募与公开募集两种基本方式。私募是指将股票直接出售给少数特定的投资者，不通过公开市场销售，程序可相对简化。公开募集是在证券市场上公开向社会发行销售，筹资费用较高，筹资时间较长。

第三节　债务资金筹措

债务资金是指项目投资中除项目资本金外，以负债方式取得的资金。

债务资金的资金来源包括信贷方式融资、债券方式融资及租赁方式融资。

一、信贷方式融资

1. 商业银行贷款

按照贷款期限，商业银行的贷款可分为短期贷款、中期贷款和长期贷款。贷款期限在1年以内的为短期贷款，超过1年至3年的为中期贷款，3年以上期限的为长期贷款。商业银行贷款通常不超过10年，超过10年期限，商业银行需要特别报经人民银行备案。

按资金用途，商业银行贷款在银行内部管理中分为固定资产投资贷款和流动资金贷款。

国内商业银行贷款的利率目前受人民银行的调控，人民银行不定期对贷款利率进行调整。已经借入的长期贷款，如遇人民银行调整利率，利率调整在下一年度开始执行，商业银行的贷款利率以人民银行的基准利率为中心可以在一定幅度内上下浮动，目前规定为下浮10%至上浮30%。

2. 政策性银行贷款

我国的政策性银行有：国家开发银行、中国进出口银行、中国农业发展银行。为了支持一些特殊的生产、贸易、基础设施建设项目，国家政策性银行可以提供政策性银行贷款。政策性银行贷款利率通常比商业银行贷款低。

国家开发银行主要提供基础设施建设及重要的生产性建设项目的长期贷款，一般贷款期限较长。

进出口银行主要为产品出口生产提供贷款支持，进出口银行提供的出口信贷通常利率低于一般的商业贷款利率。

农业发展银行主要为农业、农村发展项目提供贷款，贷款利率通常较低。

3. 出口信贷

项目建设需要进口设备的，可以使用设备出口国的出口信贷。

按照获得资金的对象，出口信贷分为买方信贷与卖方信贷。

买方信贷以设备进口商为借款人，设备进口商作为借款人取得贷款资金用于支付进口设备货款，同时对银行还本付息。买方信贷通常需要通过一家进口国的商业银行转贷款。设备出口国的贷款银行将贷款贷给进口国的一家转贷银行，再由进口国的转贷将贷款贷给设备出口商。

卖方信贷以设备出口商为借款人。从设备出口国的银行取得贷款，设备出口商则给予设备的购买方以延期付款的条件。目前，国际上使用买方信贷较多，卖方信贷则使用较少。

出口信贷通常不能对设备价款全额贷款，只能提供设备价款85%的贷款，其余的15%价款需要由进口商以现金支付。

出口信贷利率通常低于国际上商业银行的贷款利率，但需要支付一定的附加费用，如管理费、承诺费、信贷保险费等。

4. 外国政府贷款

项目使用外国政府贷款需要得到我国政府的安排和支持。外国政府贷款经常与出口信贷混合使用，并有时伴有一部分赠款。

外国政府贷款的利率通常很低，一般为2%～4%，甚至无息，期限较长，还款平均期限为20～30年，有的甚至长达50年。使用时通常有限制性条件，如贷款必须用于采购贷款国的设备。由于贷款使用受到限制，设备进口只能在较小的范围内选择，设备价格可能较高。

5. 国际金融机构贷款

提供项目贷款的主要国际金融机构有：世界银行、国际金融公司、亚洲基础设施投资银行、欧洲复兴与开发银行、亚洲开发银行、美洲开发银行等全球性或地区性机构。

国际金融机构的贷款通常带有一定的优惠性，贷款利率低于商业银行贷款利率，但也有可能需要支付某些附加费用，例如承诺费。贷款期限可以安排得很长。国际金融机构贷款通常要求设备采购进行国际招标。

6. 银团贷款

大型建设项目融资中，由于融资金额巨大，一家银行难于承担巨额贷款的风险，因此可以由多家甚至数十家银行组成银团贷款。

使用银团贷款，除了贷款利率之外，借款人还要支付一些附加费用，包括管理费、安排费、代理费、承诺费、杂费等。

7. 股东贷款

股东贷款是指公司的股东对公司提供的贷款，对于借款公司来说，在法律上是一种负债。如果没有预先约定偿还顺序，股东贷款与其他债务处于同等受偿顺序。

二、债券方式融资

债券融资是指项目法人以自身的财务状况和信用条件为基础、通过发行企业债券筹集资金，用于项目建设的融资方式。

1. 企业债券

企业债券融资是一种直接融资，是从资金市场直接获得资金，资金成本（利率）一般低于银行借款。

债券发行与股票发行相似，可以在公开的资本市场上发行，也可以以私募方式发行。

2. 可转换债券

可转换债券是企业发行的一种特殊形式的债券，在预先约定的期限内，可转换债的债券持有人有权选择按照预先规定的条件将债权转换为发行人公司的股权。在公司经营业绩变好时，股票价值上升，可转换债的持有人倾向于将债权转为股权；而当公司业绩下降或者没有达到预期效益时，股票价值下降，则倾向于兑付本息。

可转换债的发行条件与一般企业债券类似，但由于附加有可转换为股权的权利，可转换债的利率较低。

三、租赁方式融资——融资租赁

融资租赁又称为金融租赁、财务租赁，与分期付款购入设备相类似，实质上是承租者通过设备租赁公司筹集设备投资的一种方式。

在融资租赁方式下，设备是由出租人完全按照承租人的要求选定的，所以出租人对设备的性能、老化风险以及维修保养不负任何责任。大多数情况下，出租人在租期内分期回收全部成本、利息和利润，租赁期满后，出租人将租赁物件的所有权转移给承租人。

采用融资租赁，承租人可以对设备的全部价款得到融资，融资额度比使用贷款要大，租赁费中所含的相当于利息的部分也比贷款利息高。

第四节　新兴基础设施项目融资方式

20 世纪 90 年代以来，随着我国改革开放的不断深入，国际上一些新兴的融资方式不断应用到我国基础设施的建设中，主要有 BOT 融资方式、TOT 融资方式、PPP 融资方式、ABS 融资方式、PFI 融资方式等。

1. BOT 融资方式

BOT 是 Build - Operate - Transfer 的英文缩写，即建设—经营—移交，是指政府将一个工程项目通过特许权协议授予承包商，承包商在特许期内负责项目设计、投融资、建设和运营，并回收成本、偿还债务、赚取利润，特许经营期结束后将项目所有权再移交给政府的一种融资方式。在我国也被称做“特许权投融资方式”，主要以外资为融资对象，指国家或地方政府通过特许经营权协议，授予前约方的外商投资企业承担公共性基础设施项目的融资、建造、经营和维护；在协议规定的特许期限内，项目公司拥有投资建造设施的所有权，允许向设施使用者收取适当的费用，由此回收项目投资、经营和维护成本并获得合理的回报；特许期满后，投资企业将设施无偿移交给签约方的政府部门。

2. TOT 融资方式

TOT 是英文 Transfer - Operate - Transfer 的英文缩写，即移交—经营—移交，是国际上较为流行的一种项目融资方式。指政府将已经建成投产运营的基础设施项目移交给投资方进行运营，政府凭借所移交的基础设施项目获得未来若干年内的收益，一次性地从投资方融通到一笔资金，再将这笔资金用于新的基础设施项目建设，当经营期届满时，投资方再将项目移交回政府手中。TOT 融资方式运作过程省去了建设环节，项目的建设已由政府完成，仅通过项目经营权移交来完成一次融资。

与 BOT 融资方式相比，TOT 融资方式存在以下几点优势：

(1) 积极盘活国有资产，推进国有企业转建机制；

(2) 为拟建项目引进资金，为建成项目引进新的更有效的管理模式；

(3) 只涉及经营权转让，不存在产权、股权问题，可以避免许多争议。

由于 TOT 的风险比 BOT 小很多，金融机构、基金组织、私人资本等都有机会参与投资，这也增加了项目的资金来源。

3. PPP 融资方式

PPP 模式即 Public - Private - Partnership 的英文缩写，即公私合伙或合营，是指政府与私营部门之间，为了提供某种公共物品和服务，以特许权协议为基础，彼此之间形成一种伙伴式的合作关系，并通过签署合同来明确双方的权利和义务，以确保合作的顺利完成，最终使合作各方达到比预期单独行动更为有利的结果。

公私合营模式(PPP)，以其政府参与全过程经营的特点受到国内外广泛关注。PPP 模式将部分政府责任以特许经营权方式转移给私营部门、民营企业，政府与非公共部门建立起“利益共享、风险共担、全程合作”的共同体关系，政府的财政负担减轻，非公共部门的投资风险减小。PPP 模式比较适用于公益性较强的废弃物处理或其中的某一环节，如有害废弃物处理和生活垃圾的焚烧处理与填埋处置环节。

PPP 融资方式的特征如下：

(1) 伙伴关系。PPP 中私营部门与政府公共部门的伙伴关系与其他关系相比，独特之处就是项目目标一致。公共部门之所以和民营部门合作并形成伙伴关系，核心问题是存在一个共同的目标：在某个具体项目上，以最少的资源，实现最多最好的产品或服务的供给。私营部门是以此目标实现自身利益的追求，而公共部门则是以此目标实现公共福利和利益的追求。

(2) 利益共享。利益共享是伙伴关系的基础之一。PPP 中公共部门与私营部门并不是简单分享利润，还需要控制私营部门可能的高额利润，即不允许私营部门在项目执行过程中形成超额利润。但作为参与者的私人部门、民营企业或机构可以取得相对平和、长期稳定的投资回报。

(3) 风险共担。风险分担是利益共享之外伙伴关系的另一个基础。在 PPP 中，公共部门与私营部门合理分担风险的这一特征，是其区别于公共部门与私营部门其他交易形式的显著标志。在 PPP 融资方式中，公共部门是尽可能大地承担自己有优势方面的伴生风险，让对方承担的风险尽可能小，而私营部门会按其相对优势承担较多的、甚至全部的具体管理职责，这个领域正是政府管理层“官僚主义低效风险”的易发领域。

4. ABS 融资方式

ABS 是英文 Asset - Backed - Securitization 的英文缩写，即资产支持型资产证券化，简称“资产证券化”。ABS 融资方式指融资人将缺乏流动性但能产生可预见的、稳定现金流量的资产归集起来，通过一定安排和增信机制，使之成为在金融市场上可以出售和流通的证券的过程。

ABS 起源于 20 世纪 80 年代的美国，由于具有创新的融资结构和高效的载体，满足了各类资产和发起人的需要，从而成为当今国际资本市场中发展最快、最具活力的金融产品。

ABS 融资方式的特点如下：

(1) ABS 融资模式的最大优势是通过在国际市场上发行债券筹集资金，债券利率一般较低，从而降低了筹资成本；

(2) 通过证券市场发行债券筹集资金，是 ABS 不同于其他项目融资方式的一个显著特点；

(3) ABS 融资模式割断了项目原始权益人自身的风险，使其清偿债券本息的资金仅与项目资产的未来现金收入有关，加之，在国际市场上发行债券是由众多的投资者购买，从而分散了投资风险；

(4) ABS 融资模式是通过 SPV 发行高档债权筹集资金，这种负债不反映在原始权益人自身的资产负债表上，从而避免了原始权益人资产质量的限制；

(5) 作为证券化项目融资的 ABS，由于采取了利用 SPV 增加信用等级的措施，从而能够进入国际高档证券市场，发行那些易于销售、转让以及贴现能力强的高档债券；

(6) 由于 ABS 融资模式是在高档证券市场筹资，其接触的多为国际一流的证券机构，有利于培养东道国在国际项目融资方面的专门人才，也利于国内证券市场的规范。

注：SPV 是 Special - Purpose - Vehicle 的英文缩写，即特别项目公司，是由在国际上获得了权威资信评估机构给予了较高资信评定等级的投资银行、信托投资公司、信用担保公司等与证券投资相关的金融机构组成。成功组建 SPV 是 ABS 融资的基本条件和关键因素。

5. PFI 融资方式

PFI 是英文 Private - Finance - Initiative 的英文缩写，英文原意为“私人融资活动”，在我国被译为“民间主动融资”，是英国政府于 1992 年提出的。是指对 BOT 项目融资的优化，指政府部门根据社会对基础设施的需求，提出需要建设的项目，通过招投标，由获得特许权的私营部门进行公共基础设施项目的建设与运营，并在特许期(通常为 30 年左右)结束时将所经营的项目完好地、无债务地归还政府，而私营部门则从政府部门或接受服务方收取费用以回收成本的项目融资方式。

PFI 来源于 BOT，也涉及项目的“建设—经营—转让”问题，但作为一种独立的融资方式，与 BOT 相比具有以下几个特点：

(1) 项目主体单一。PFI 的项目主体通常为本国民营企业的组合，体现出民营资金的力量。而 BOT 模式的项目主体则为非政府机构，既可以是本国私营企业，也可以是外国公司，所以，PFI 模式的项目主体较 BOT 模式更为单一。

(2) 项目管理方式开放。PFI 模式对项目实施开放式管理，首先，对于项目建设方案，政府部门仅根据社会需求提出若干备选方案，最终方案则在谈判过程中通过与私人企业协商确定；BOT 模式则事先由政府确定方案，再进行招标谈判。其次，对于项目所在地的土地提供方式及以后的运营收益分配或政府补贴额度等，都要综合当时政府和私人企业的财力、预计的项目效益及合同期限等多种因素而定，不同于 BOT 模式对这些问题事先都有框架性的文件规定，如：土地在 BOT 模式中是由政府无偿提供的，无需谈判，而且在 BOT 模式中，一般都需要政府对最低收益等做出实质性的担保。PFI 相应来说没有这种保证。所以，PFI 模式比 BOT 模式有更大的灵活性。

（3）实行全面的代理制。PFI 模式实行全面的代理制，这也是与 BOT 模式的不同之处。作为项目开发主体，BOT 公司通常自身就具有开发能力，仅把调查和设计等前期工作和建设、运营中的部分工作委托给有关的专业机构。而 PFI 公司通常自身并不具有开发能力，在项目开发过程中，广泛地应用各种代理关系，而且这些代理关系通常在投标书和合同中即加以明确，以确保项目开发安全。

（4）合同期满后项目运营权的处理方式灵活。PFI 模式在合同期满后，如果私人企业通过正常经营未达到合同规定的收益，则可以继续拥有或通过续租的方式获得运营权，这是在前期合同谈判中需要明确的；而 BOT 模式则明确规定，在特许权期满后，所建资产将无偿地交给政府拥有和管理。

第五节 融资方案设计

项目融资方案的设计要在投资估算的基础上进行。依据投资项目的资金使用计划，测算资金的需要量。然后编制项目的筹资方案。

一、资金需要量测算

资金需要量的测算依据是投资项目的资金使用计划，主要来自于项目的固定资产投资及建成后的投产试运行和正式的生产经营。项目固定资产投资建设工期安排决定了固定资产投资的资金使用需求，项目的设计、施工、设备订货的付款均需要按照商业惯例安排。项目的资金筹措需要满足项目投资资金使用的要求。

新组建公司的项目，资金筹措计划通常应当先安排使用资本金，后安排使用负债融资。这样既可以降低项目建设期间的财务费用，更主要的可以有利于建立资信，取得债务融资。实践中也常有项目的资本金与负债融资同比例到位的安排，或者先投入一部分资本金，剩余的资本金与债务融资同比例到位。

二、项目筹资方案的编制

一个完整的项目筹措方案，主要由两部分内容组成：① 说明项目资本金及债务融资资金来源的构成；② 编制投资计划与资金筹措表。

编制项目的投资使用与资金筹措计划表时应注意各年度的资金平衡。项目实施的各年度中，资金来源必须满足投资使用的要求，即编制的总投资使用计划与资金筹措表应做到资金的需求与筹措在时序、数量两个方面都能平衡。资金筹措来源应当等于或者略大于资金使用额。项目总投资使用计划与资金筹措表如表 3-3 所示。

表 3-3　项目总投资使用计划与资金筹措表　万元

序号	项目	合计	1	2	3	……	n
1	项目总投资						
1.1	建设投资						
1.2	建设期利息						
1.3	流动资金						
2	资金筹措						
2.1	项目资本金						
2.1.1	用于建设投资						
2.1.2	用于支付建设期利息						
2.1.3	用于流动资金						
2.2	银行借款						
2.2.1	用于建设投资						
2.2.2	用于流动资金						

[**例 3-1**] 某选矿厂项目的融资方案。

(1) 该项目资本金及债务资金来源。

项目资本金主要来源于两方面：一是既有法人内部融资 1356.13 万元，主要来自于既有公司现有现金、建设期内经营所获得现金及资产变现。二是新增资本金(股东增加股本投资)1500 万元。

债务资金主要来源于银行贷款：一是建设投资借款共计 3597.73 万元，其中第一年借入 1725.12 万元，第二年借入 1872.61 万元。执行国家基准利率，年利率 5.76%，按年计息，建设期内按期支付利息。二是流动资金借款，借款共计 594.21 万元，在生产运营期内循环周转使用，利率执行国家基准利率，年利率 5%，按年计息。(假定企业与银行达成共识，按年终偿还、下年年初再借的方式处理)。均不计其他附加费用。

(2) 编制该项目的总投资使用计划与资金筹措表。

解：项目总投资使用计划与资金筹措如表 3-4 所示。

表 3-4　项目总投资使用计划与资金筹措表　万元

序号	项目	合计	1	2	3	4
1	项目总投资	7048.07	2924.88	3274.32	665.04	183.83
1.1	建设投资	5996.22	2875.20	3121.02	—	—
1.2	建设期利息	202.98	49.68	153.30	—	—
1.3	流动资金	848.87	—	—	665.04	183.83
2	资金筹措	7048.07	2924.88	3274.32	665.04	183.83

续表

序号	项目	合计	1	2	3	4
2.1	项目资本金	2856.13	1199.76	1401.71	199.51	55.15
2.1.1	用于建设投资	2398.49	1150.08	1248.41	—	—
2.1.2	用于支付建设期利息	202.98	49.68	153.30	—	—
2.1.3	用于流动资金	254.66	—	—	199.51	55.15
2.2	银行借款	4191.94	1725.12	1872.61	465.53	128.68
2.2.1	用于建设投资	3597.73	1725.12	1872.61	—	—
2.2.2	用于流动资金	594.21	—	—	465.53	128.68

复习思考题

1. 什么是融资主体？融资主体分为哪几种类型？

2. 既有法人融资和新设法人融资的目的、条件和特点分别是什么？

3. 权益融资和负债融资各有什么特点？发行股票和发行债券分别属于哪种融资方式？

4. 什么是项目资本金？根据我国项目资本金制度的规定，对于国内投资项目和外商投资项目，作为计算资本金基数的总投资，含义有什么不同？

5. 既有法人项目的资本金筹措的途径有哪些？新设法人项目资本金筹措的途径有哪些？

6. 债务资金的资金筹措主要来自于哪几个方面？各包括哪些具体的筹措方式？

7. 新兴基础设施项目融资方式主要有哪几种？

8. 一个建设项目的筹措方案，主要由几部分内容组成的？在编制投资计划与资金筹措表时应注意什么问题？

第四章 资金的时间价值

学习目标和要求

1. 掌握资金时间价值的概念和表现形式；
2. 掌握现金流量表和现金流量图的绘制；
3. 掌握名义利率、期利率和有效利率的概念以及有效利率的计算方法；
4. 掌握资金等值计算公式及其在投资分析中的应用。

资金时间价值是指资金随着时间的推移而增值的外在表现形式。

在商品货币条件下，资金时间价值有两种表现形式：利息、利润。

根据资金时间价值原理，在项目投资决策的分析与评价中，形成了以现金流量分析即动态分析为主的评价方法。

第一节 现金流量

一、现金流量

在投资建设中，一切投资项目都可以抽象为现金流量系统，简称现金流或现金流量。现金流量包括现金流入量、现金流出量及净现金流量。

现金流入量：在某一时点上，流入项目的货币称为现金流入量(或正现金流量)，记为CI。

现金流出量：在某一时点上，流出项目的货币称为现金流出量(或负现金流量)，记为CO。

净现金流量：在同一时点上的现金流入量与现金流出量之差(或其代数和)称为净现金流量，记为NCF(或CI－CO)。

现金流量分析即动态分析就是将项目计算期内所发生的收益与费用，按照各自发生的时点顺序排列，即表达为具有时间概念的现金流量。

现金流入一般包括营业收入、回收固定资产余值和加收流动资金等；现金流出包括建设投资、流动资金、经营成本等。

二、现金流量图

表示项目现金流量的最有效的工具是图 4－1 所示的现金流量图。

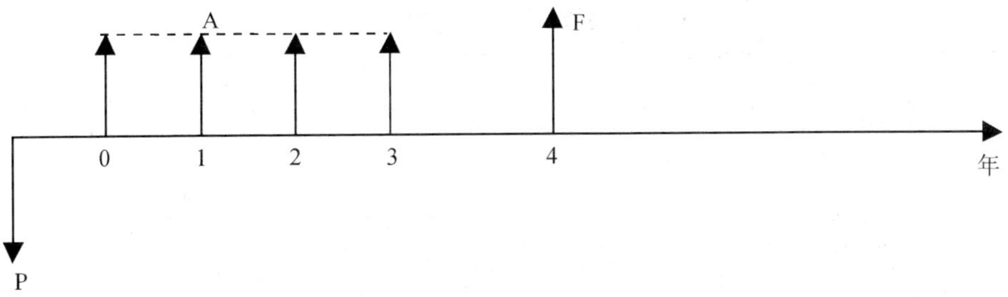

图 4-1　现金流量图

在图 4-1 中，水平线代表所评价的项目，水平线向右延伸表示项目的时间延续，水平线上标注的相等的间隔代表相等的时间长度，在建设项目中通常表示年。0 代表建设项目的初始点(也即 1 期初，或称 0 点)，1、2、…、n 分别代表第 1 期末、第 2 期末、…、第 n 期末。我们定义前一期末与紧随其后的期初相重叠，即处于同一时点上。用水平线上方的垂直箭线代表现金流入量 CI，用水平线下方的垂直箭线代表现金流出量 CO，并用箭线的长短示意现金流量绝对值的大小。

总之，要正确绘制现金流量图，必须把握好现金流量的三要素，即：现金流量的大小(现金流量数额)、方向(现金流入或现金流出)和作用点(现金流量发生的时点)。

三、现金流量表

由现金流入、现金流出和净现金流量三部分及对应的时期或时间点一起可组成一张现金流量表。现金流量表是表示项目现金流量的另一种有效的工具，如表 4-1 所示。

表 4-1　现金流量表

项目 \ 时间	1	2	3	…	n
1 现金流入(1.1+1.2+…)					
1.1 现金流入项目 1					
1.2 现金流入项目 2					
…					
2 现金流出(2.1+2.2+…)					
2.1 现金流出项目 1					
2.2 现金流出项目 2					
…					
3 净现金流量(1-2)					

[例 4-1]　某建设项目，计算期为 6 年，其中建设期为 1 年，生产运营期 5 年。期初建设投资为 1500 万元，流动资金投入 500 万元，生产期第 1 年年初投入 150 万元，第 2 年年初投入 350 万元，期末回收，年营业收入为 800 万元，年经营成本为 250 万元，期末回收固定资产余值为 200 万元，试编制该项目的现金流量表。

解：该项目的现金流量表见表 4-2。

表 4-2 某项目现金流量表 万元

序号	项目	0	1	2	3	4	5	6
1	现金流入	—	—	800	800	800	800	1500
1.1	年营业收入	—	—	800	800	800	800	800
1.2	回收流动资金	—	—	—	—	—	—	500
1.3	回收固定资产余值	—	—	—	—	—	—	200
2	现金流出	1500	150	600	250	250	250	250
2.1	建设投资	1500	—	—	—	—	—	—
2.2	流动资金	—	150	350	—	—	—	—
2.3	年经营成本	—	—	250	250	250	250	250
3	净现金流量(1—2)	—1500	—150	200	550	550	550	1250

第二节 资金时间价值的衡量

一、利息与利率

1. 利息与利率的定义

利息是占用资金所付出的代价，即在借贷过程中，债务人支付给债权人超过原借贷金额的部分。它是资金时间价值的表现形式之一。通常用利息额的多少作为衡量资金时间价值的绝对尺度，用利率作为衡量资金时间价值的相对尺度。

利息公式为

$$I=F-P$$

式中，I——利息；

F——目前债务人应付总金额，即还本付息总额；

P——原借贷金额，常称为本金。

利率是单位时间内增加的利息与原金额之比，通常用百分数表示，即

$$i=\frac{I_t}{P}\times 100\%$$

式中，i——利率；

I_t——单位时间增加的利息。

用以表示利率的时间单位称为计息周期。计息周期可以是年、季、月、周等。当包括一个以上的计息期时，则要考虑“单利”与“复利”。

2. 利息与利率在工程经济中的作用

(1) 利息和利率是以信用方式动员和筹集资金的动力。

以信用方式筹集资金有一个特点就是自愿性，而自愿性的动力在于利息和利率。比如

一个投资者，他首先要考虑的是投资某一项目所得到的利息是否比把这笔资金投入其他项目所得的利息多。如果多，他就可以在这个项目投资；如果所得的利息达不到其他项目的利息水平，他就可能不在这个项目投资。

（2）利息促进投资者加强经济核算，节约使用资金。

投资者借款需付利息，增加支出负担，这就促使投资者必须精打细算，把借入资金用到刀刃上，减少借入资金的占用，以少付利息，同时还可以使投资者自觉减少多环节占压资金。

（3）利息和利率是宏观经济管理的重要杠杆。

国家在不同的时期制定不同的利息政策，对不同地区、不同行业规定不同的利率标准，这就会对整个国民经济产生影响。例如对于限制发展的行业，利率规定得高一些；对于提倡发展的行业，利率规定得低一些，从而可以引导行业和企业的生产经营服从国民经济发展的总方向。同样，占用资金时间短的，收取低息；占用时间长的，收取高息。对产品适销对路、质量好、信誉高的企业，在资金供应上给予低息支持；反之，收取较高利息。

（4）利息与利率是金融企业经营发展的重要条件。

金融机构作为企业，必须获取利润。由于金融机构的存放款利率不同，其差额成为金融机构的业务收入，此款扣除业务费后就是金融机构的利润。所以利息和利率能刺激金融企业的经营发展。

二、单利与复利

单利计息是指对本金计利息，对所获得的利息不再计息，计算公式如下：

$$F = P(1 + n \times i)$$

式中，P——本金；

n——计息期数；

i——每一计息期利率；

F——n 期末本利和。

［例 4－2］ 某公司借入 1000 万元，年利率为 8%，采用单利计息，5 年之后连本带利应还多少钱？

解：单利计算分析如表 4－3 所示。

表 4－3　单利计算分析　　万元

借入期限	年初借款余额	年末利息	年末本利和	年末还款
1	1000	80	1080	0
2	1080	80	1160	0
3	1160	80	1240	0
4	1240	80	1320	0
5	1320	80	1400	1400

复利计息是指把每一计息期的本利和都作为下一计息周期的本金，不仅对本金计息，对利息也计息，计算公式如下：

$$F=P(1+i)^n$$

式中的符号意义同单利法公式。

[例 4-3] 某公司借入 1000 万元，年利率为 8%，采用复利计息，5 年之后连本带利应还多少钱？

解：复利计算分析如表 4-4 所示。

表 4-4 复利计算分析 **万元**

借入期限	年初借款余额	年末利息	年末本利和	年末还款
1	1000	1000×8%=80	1080	0
2	1080	1080×8%=86.4	1166.4	0
3	1166.4	1166.4×8%=93.31	1259.71	0
4	1259.71	1259.71×8%=100.78	1360.49	0
5	1360.49	1360.49×8%=108.84	1469.33	1469.33

从以上两个例题可以看出，同一笔借款，在利率和计息周期均相同的情况下，用复利计算出的利息金额比用单利计算出的利息金额多，计息周期为 5 年的情况下，相差 69.33 万元。而且本金越大，利率越高，计息周期越长时，两者差距就越大。复利计息比较符合资金在社会再生产过程中运动的实际状况，即真实地反映了资金随时间增值的客观规律。因此，在项目投资决策的经济评价中均采用复利法进行资金等值变换。

三、名义利率与有效利率

名义利率：单位时间内按单利计算的利息与本金之比，用 $i_{名}$ 表示。通常所说的年利率，一般指的是名义利率。

期利率：在贷款中，一年若计息多次，如半年、一季、一个月等，用名义利率除以一年内的计息次数，即为期利率。

有效利率：单位时间内以期利率按复利计算的利息与本金之比，用 $i_{实}$ 表示。

有效利率和名义利率的关系为

$$i_{实}=(1+\frac{i_{名}}{m})^m-1$$

式中，m——年计息次数。

[例 4-4] 有一笔资金 1000 万元，年利率为 10%，试计算计息周期为一年、半年、三个月、一个月的年末本利和有效利率。

解：

(1) 计息期为一年：

$$本利=1000\times(1+10\%)=1100\ (万元)$$

$$有效利率=年利率=10\%$$

(2) 计息期为半年：

$$有效利率=\left(1+\frac{10\%}{2}\right)^2-1=10.25\%$$

$$本利=1000\times(1+10.25\%)=1102.5(万元)$$

（3）计息期为三个月：

$$有效利率=\left(1+\frac{10\%}{4}\right)^4-1=10.38\%$$

$$本利=1000\times(1+10.38\%)=1103.8(万元)$$

（4）计息期为一个月：

$$有效利率=\left(1+\frac{10\%}{12}\right)^{12}-1=10.47\%$$

$$本利=1000\times(1+10.47\%)=1104.7(万元)$$

由以上例题可看出：名义利率与有效利率存在以下关系：

（1）当计算周期为一年时，名义利率和有效利率是相等的；计息周期短于一年时，有效利率大于名义利率。

（2）计息周期越短，计息次数越多，有效利率越高。

（3）名义利率无法完全反映资金的时间价值，有效利率才能真实反映资金的时间价值。

第三节　资金等值

一、资金等值的含义

由于资金存在时间价值，不同时点发生的现金流量不能直接进行比较，资金必须与时间结合，才能表示出其真正的价值。因此，对项目进行评价时，首先应对其收益与费用进行时间价值的等值变换，即将不同时点上的资金价值转换为相同时点上的价值，使之具有时间可比性，这就是所谓的资金时间价值等值变换原理。

利用等值观念，可以把建设项目计算期内任一时点的现金流量变换为另一时点上的现金流量进行比较。我们将上述换算过程，即将某一时点或某些时点上的资金等值到另一时点，称为等值换算。

二、常用的资金等值换算公式

常用的等值换算公式有三对：

现值(P)与终值(F)的换算；

年金(A)与终值(F)的换算；

年金(A)与现值(P)的换算。

（一）现值(P)与终值(F)的换算

1. 现值变换为终值(已知 P 求 F)

已知现有一笔资金 P(现值)，年利率为 i，按复利计算，求 n 年后的本利和 F，计算公式为

$$F=P(1+i)^n$$

式中，$(1+i)^n$——一次支付终值系数，简称复利终值系数，记作$(F/P, i, n)$，可查表或通过计算器直接计算求出。

终值公式又写为

$$F=P\times\left(\frac{F}{P}, i, n\right)$$

［例 4－5］ 一笔项目投资贷款100万元，年利率为10%，求5年后的本利和。

解：
$$F= P\times\left(\frac{F}{P}, i, n\right)=100\times\left(\frac{F}{P}, 10\%, 5\right)=161.05(\text{万元})$$

2. 终值变换为现值(已知 F 求 P)

只要将终值公式中一次支付终值系数移到等式的另一边，即可实现由F向P的等值变换，计算公式为

$$P=F(1+i)^{-n}$$

式中，$(1+i)^{-n}$——一次支付现值系数，也称折现系数，记作$(P/F, i, n)$，可查表或通过计算器直接计算求出。

现值公式又可写为

$$P=F\times\left(\frac{P}{F}, i, n\right)$$

［例 4－6］ 10年后需要使用一笔投资10 000元，现需存入一笔资金，若利率为10%，一年计息一次，现在应存入多少资金？

解：
$$\begin{aligned}P &= F\times\left(\frac{P}{F}, i, n\right)=10\,000\times\left(\frac{P}{F}, 10\%, 10\right)\\ &=10\,000\times 0.38554\\ &=3855.40\ (\text{元})\end{aligned}$$

（二）年金(A)与终值(F)的换算

1. 年金变换为终值(已知 A 求 F)

由终值公式可得出等额支付系列现金流量的终值为

$$\begin{aligned}F &=F_1+F_2+\cdots+F_n=A(1+i)^{n-1}+A(1+i)^{n-2}+\cdots+A\\ &=A[(1+i)^{n-1}+(1+i)^{n-2}+\cdots+1]\end{aligned}$$

整理后得

$$F=A\ \frac{(1+i)^n-1}{i}$$

式中，$\frac{(1+i)^n-1}{i}$——年金终值系数，记作$(F/A, i, n)$，同样可查表或通过计算器直接计算求出。

年金终值公式又可写为

$$F=A\times\left(\frac{F}{A}, i, n\right)$$

[例 4-7] 某项工程项目建设期为 5 年，每年年末用掉银行借款 20 万元，年利率为 10%，第 5 年末欠银行多少钱？

解：

$$F = A\times\left(\frac{F}{A}, i, n\right)=20\times\left(\frac{F}{A}, 10\%, 5\right)$$

$$=20\times6.1051$$

$$=122.10 \text{（万元）}$$

2. 终值变换为年金（已知 F 求 A）

由年金终值公式的逆运算即可得出

$$A = F\frac{i}{(1+i)^n-1}$$

式中，$\frac{i}{(1+i)^n-1}$——偿债基金系数或资金存储系数，记作$(A/F, i, n)$，也可查表或直接计算求出。

年金公式又可写为

$$A = F\times\left(\frac{A}{F}, i, n\right)$$

[例 4-8] 某工厂第 10 年末应向银行偿还 10 万元，若年利率为 10%，一年计息一次，该厂从第 1 到 10 年，每年年末应等额向银行存入多少钱，才能使本利和正好偿清这笔债款。

解：

$$A = F\times\left(\frac{A}{F}, i, n\right)=10\times\left(\frac{A}{F}, 10\%, 10\right)$$

$$=10\times0.1638$$

$$=1.638 \text{（万元）}$$

（三）年金（A）与现值（P）的换算

1. 年金变换为现值（已知 A 求 P）

由现值公式和年金终值公式可以得出

$$P = F(1+i)^{-n} = A\frac{(1+i)^n-1}{i(1+i)^n}$$

式中，$\frac{(1+i)^n-1}{i(1+i)^n}$——年金现值系数，记作$(P/A, i, n)$，也可查表或直接计算求出。

年金现值公式又可写为

$$P = A\times\left(\frac{P}{A}, i, n\right)$$

[例 4-9] 1～10 年，每年年末可获得收益 100 万元，年利率为 10%，10 年的收益相当于现值是多少？

解：

$$P = A\times\left(\frac{P}{A}, i, n\right)=100\times\left(\frac{P}{A}, 10\%, 10\right)$$

$$=100\times6.1446$$

$$=614.46 \text{（万元）}$$

2. 现值变换为年金(已知 P 求 A)

由年金现值公式的逆运算就可以得出

$$A=P\frac{i(1+i)^n}{(1+i)^n-1}$$

式中，$\frac{i(1+i)^n}{(1+i)^n-1}$——资金回收系数，记作$(A/P,i,n)$，可查表或直接计算求出。

年金公式又可写为

$$A=P\times\left(\frac{A}{P},i,n\right)$$

［**例 4－10**］ 期初有一笔资金 1000 万元投入某个项目，年利率为 10%，从第 1 到 10 年每年年末等额收回多少钱，到第 10 年末正好将 1000 万元本金及利息全部收回？

解：

$$A=P\times\left(\frac{A}{P},i,n\right)=1000\left(\frac{A}{P},10\%,10\right)$$
$$=1000\times0.16275=162.75\text{（万元）}$$

三、资金等值计算的应用

［**例 4－11**］ 某项目投资 1 000 万元，由甲乙双方共同投资。其中：甲方出资 60%，乙方出资 40%，在双方未考虑各方的出资时间的情况下，其出资情况如表 4－5 所示。

表 4－5 甲乙双方出资情况 万元

出资方	第 1 年	第 2 年	第 3 年	合计	所占比例/(%)
甲方	300	200	100	600	60
乙方	100	100	200	400	40
合计	400	300	300	1000	100

表 4－5 所示的这种资金安排没有考虑资金的时间价值，从绝对额看是符合各方出资比例的。但在考虑资金时间价值后，情况就不同了。设该项目的收益率为 9%，运用等值的概念计算甲乙双方投资的现值如表 4－6 所示。

表 4－6 甲乙双方出资现值情况 万元

	第 1 年	第 2 年	第 3 年	合计	所占比例/(%)
折现系数	0.9174	0.8417	0.7722	—	—
甲方出资现值	275.22	168.34	77.22	520.78	61.19
乙方出资现值	91.74	84.17	154.44	330.35	38.81
合计	366.96	252.51	231.66	851.13	100

由表 4－6 可知，这种出资安排有损甲方的利益，必须重新作出安排。一般情况下，应坚持按比例同时出资，特殊情况下，不能按比例同时出资的，应进行资金等值换算。

四、资金等值换算公式汇总表及注意问题

1. 六个常用资金等值换算公式汇总表

六个常用资金等值换算公式汇总表如表 4－7 所示。

表 4－7　六个常用资金等值换算公式汇总表

问题类型	已知	求解	计算公式	系数名称符号
复利终值问题	P	F	$F=P(1+i)^n$	复利终值系数 $(F/P, i, n)$
复利现值问题	F	P	$P=F(1+i)^{-n}$	折现系数 $(P/F, i, n)$
年金终值问题	A	F	$F=A\dfrac{(1+i)^n-1}{i}$	年金终值系数 $(F/A, i, n)$
年金现值问题	A	P	$P=A\dfrac{(1+i)^n-1}{i(1+i)^n}$	年金现值系数 $(P/A, i, n)$
资金存储问题	F	A	$A=F\dfrac{i}{(1+i)^n-1}$	资金存储系数 $(A/F, i, n)$
资金回收问题	P	A	$A=P\dfrac{i(1+i)^n}{(1+i)^n-1}$	资金回收系数 $(A/P, i, n)$

2. 套用六个常用资金等值换算公式求解有关问题注意事项

在套用六个常用资金等值换算公式求解有关问题时需要注意：

(1) 本年年末，就是指下一年的年初。

(2) 现值 P 是在第一期的期初发生的。

(3) 终值 F 是在第 n 期的期末发生的。

(4) 年金 A 是考察期间的各年年末发生的。

(5) 当问题包括 P 和 A 时，系列的第一个 A 是在 P 发生 1 年后的年末发生的；当问题包括 F 和 A 时，系列的最后一个 A 是和 F 同时发生的。

(6) 当问题包括 A 与 F 时，系列的最后一个 A 是与 F 同时发生的。不能把 A 定在每期期初，因为公式的建立与它是不相符的。

复习思考题

1. 什么是资金时间价值？在商品货币条件下，资金时间价值有几种表现形式？

2. 现金流量是由几部分组成的？如何绘制现金流量图？

3. 什么是名义利率、期利率和有效利率？名义利率和有效利率之间存在着什么样的关系？

4. 现值与终值、现值与年金、终值与年金之间如何进行等值换算？

第五章　建设项目财务评价

学习目标和要求

1. 掌握财务评价的含义和内容；
2. 掌握财务效益与费用的估算方法；
3. 掌握财务盈利能力静态评价指标和动态评价指标的计算方法和评价标准，能够编制全部投资现金流量表和资本金投资现金流量表；
4. 熟悉财务偿债能力及财务生存能力评价指标的计算，相关报表的编制和评价方法。

第一节　财务评价概述

一、财务评价的含义

财务评价是在现行的会计制度、税收制度和市场价格体系下，预测财务效益和费用，编制财务报表，计算评价指标，考察拟建项目的财务盈利能力、偿债能力及财务生存能力，据以判别项目的财务可行性。

二、财务评价的作用

财务评价的作用如下：

(1) 财务评价是项目决策分析与评价的重要组成部分。对投资项目的评价应从多角度、多方面进行，无论是在对投资项目的前评价、中间评价还是后评价中财务评价都是必不可少的重要内容。在项目的前评价——决策分析与评价的各个阶段中，无论是机会研究、项目建议书、初步可行性研究报告，还是可行性研究报告，财务评价都是其中的重要组成部分。

(2) 财务评价是重要的决策依据。在项目投资决策的过程中，财务评价是重要的决策依据。项目发起人决策是否发起或进一步推进该项目，权益投资人决策是否投资于该项目，债权人决策是否贷款给该项目，政府等管理部门决策是否批准政府投资该项目，都要以财务评价为依据。

(3) 财务评价在项目或方案比选中起着重要作用。进行项目或方案比选时，在规模、技术、工程等方面都必须通过方案比选予以优化，此时项目财务数据和指标往往是重要的比选依据。

(4) 财务评价中财务生存能力分析对项目，特别是非经营性项目的财务可持续性的考量起着重要的作用。

三、财务评价的基本原则

1. 费用与效益计算范围一致性原则

为了正确评价项目的获利能力，必须遵循费用与效益计算范围的一致性原则。如果在投资估算中包括了某项工程，那么因建设该工程增加的效益就应该考虑在内；反之，如果该工程对项目效益的产生做出了贡献，但投资却未计算进去，那么项目的效益就被高估。只有将投入和产出的估算限定在同一范围内，计算的净效益才是投入的真实回报。

2. 动态分析与静态分析相结合，以动态分析为主的原则

国际通行的财务评价都是以动态分析方法为主，即根据资金时间价值原理，考虑项目整个计算期内各年的效益和费用，采用现金流量分析的方法，计算内部收益率和净现值等评价指标。

3. 基础数据确定稳妥的原则

财务评价结果的准确性取决于基础数据的可靠性。财务评价所需要的大量的基础数据都来自于预测和估计，难免有不确定性。为了使财务评价结果能提供较为可靠的信息，避免人为的乐观估计所带来的风险，在基础数据的确定和选取中遵循稳妥的原则是十分必要的。

4. 财务评价应采用预测价格的取价原则

财务评价是对拟建项目未来数年或更长年份的效益与费用进行分析计算，而无论投入还是产出的价格都会发生各种各样的变化，为了合理反映项目的效益和财务状况，财务评价应采用预测价格。

四、财务评价的内容

财务评价的内容包括：

（1）选取必要的基础数据进行财务效益和费用的估算，包括营业收入、成本费用估算和相关税金估算等。

（2）进行财务分析，即编制财务评价报表并计算财务评价指标。财务分析包括盈利能力分析、偿债能力分析和财务生存能力分析。

（3）在对初步确定的建设方案进行财务分析后，还应进行不确定性分析，包括盈亏平衡分析和敏感性分析，常常需要将财务分析的结果进行反馈，优化原设定的建设方案。

第二节　财务效益与费用估算

财务效益与费用是指项目运营期内企业获得的收入和支出。主要包括营业收入、相关税金和成本费用等。

一、项目计算期的分析确定

项目计算期是财务评价的重要参数。项目财务效益与费用的估算涉及整个计算期的数据。项目计算期是指对项目进行财务评价应延续的年限，包括建设期和运营期。

评价用的建设期是指项目资金正式投入工程建设开始到项目建成投产为止所需要的时间。建设期的确定应综合考虑项目的建设规模、建设性质(新建、改扩建)、项目复杂程度、当地建设条件、管理水平与人员素质等因素，并与项目实施进度中的建设工期相协调。

运营期应根据多种因素综合确定，包括行业特点、主要工程设备的经济寿命期等。当行业有规定时，首先遵从其规定。

二、营业收入估算

营业收入是指销售产品或提供劳务或服务取得的收入，是项目效益即项目现金流入的主要内容。

(1) 合理预测项目各年提供的销售量。在项目决策分析与评价中，营业收入的估算基于一项重要假定，即当年的产品当年全部销售。同时要合理估计各年的运营负荷。运营负荷是指项目运营过程中达到设计能力的百分数，一般应按项目投产期和以后正常生产年份分别设定运营负荷。

(2) 合理确定产品或服务的价格。

(3) 多种产品应分别估算或合理折算。

三、相关税金的估算

在估算营业收入的同时，往往还要完成相关税金的估算，涉及的税费主要包括增值税、营业税、消费税、企业所得税、资源税、城市维护建设税和教育费附加等，有些行业还包括土地增值税。税金一般属于财务现金流出。在财务评价时应说明税种、征税方式、计税依据、税率等。

(一) 增值税

增值税是对销售货物或者提供加工、修理修配劳务以及进口货物的单位和个人征收的税金。增值税是价外税，纳税人交税，最终由消费者负担，因此与纳税人的经营成本和经营利润无关。经济效果分析应按税法规定计算增值税，计算公式如下：

应纳增值税额＝当期销项税额－当期进项税额

当期销项税额＝销售额×增值税税率

当期进项税额＝购货(劳务)款或购材料款×增值税税率

(二) 营业税

营业税是对提供应税劳务、转让无形资产或者销售不动产的单位和个人征收的税金。交通运输、建筑、金融保险、邮电通信、文化体育、娱乐、服务等行业应按规定计算营业税。营业税是价内税，包含在营业收入之内。在经济效果评价中，营业税按应税营业额乘以规定营业税税率计算，即：

应纳营业税额＝营业额×税率

目前我国正在进行营业税改征增值税（简称“营改增”）的改革。2012 年 1 月 1 日，我国在上海的“1＋6”行业率先进行营改增试点。其中，“1”为陆路、水路、航空、管道运输在内的交通运输业，“6”包括研发、信息技术、文化创意、物流辅助、有形动产租赁、鉴证咨询等部分现代服务业；2012 年 8 月 1 日起，国务院将试点由上海分批扩大至北京、天津、江苏、浙江、安徽、福建、湖北、广东 8 个省、直辖市及宁波、厦门、深圳 3 个计划单列市；2013 年 8 月 1 日起在其余 22 个省（区、市）全面推行营改增试点。从 2014 年 1 月 1 日起，铁路运输和邮政服务业已纳入营业税改征增值税试点。随着改革的不断深入，营业税里占比较高的行业，如不动产转让、建筑、金融、生活服务业等，也将逐步进入营改增的行业。

（三）消费税

消费税是我国针对特定消费品征收的税金。特定消费品如烟、酒、化妆品、贵重首饰及珠宝玉石、摩托车、小汽车等，主要是为了调节产品结构，引导消费方向。消费税实行价内税。在经济效果评价中，对适用消费税的产品，消费税实行从价定率、从量定额，或者从价定率和从量定额复合计税（简称复合计税）的办法计算应纳税额。应纳税额计算公式如下：

（1）实行从价定率办法时：

$$应纳消费税额=销售额\times比例税率$$

（2）实行从量定额办法时：

$$应纳消费税额=销售数量\times定额税率$$

（3）实行复合计税办法时：

$$应纳消费税额=销售额\times比例税率+销售数量\times定额税率$$

（四）企业所得税

企业所得税是针对企业应纳税所得额征收的税种。项目评价中应注意按有关税法对所得税前扣除项目的要求，正确计算应纳税所得额，计算公式为

$$应纳所得税额=应纳税所得额\times适用税率-减免税额-抵免税额$$

（五）资源税

资源税是国家对开采特定矿产品或者生产盐的单位和个人征收的税种，根据资源不同，资源税分别实行从价定率和从量定额的办法计算应纳税额。

（1）对原油和天然气采用从价定率的方法征税，税率确定为 5％～10％，计算公式为

$$应纳消费税额=销售额\times比例税率$$

（2）其他资源领域实行从量定额办法，即按应课税矿产的产量乘以单位税额计算，计算公式为

$$应纳资源税额=课税数量\times单位税额$$

（六）城市维护建设税和教育费附加

城市维护建设税是一种为了加强城市的维护建设，扩大和稳定城市维护建设资金来源的地方附加税；教育费附加是国家为发展地方教育事业，计征用于教育的政府性基金，是地方收取的专项费用。

城市维护建设税和教育费附加，以增值税、营业税和消费税为税基乘以相应的税率计算。其中，城市维护建设税税率根据技术方案所在地分市区，县、镇和县、镇以外三个不

同等级；教育费附加率为3%。城市维护建设税和教育费附加分别与增值税、营业税和消费税同时缴纳。

（七）土地增值税

土地增值税是对有偿转让房地产取得的增值额征收的税种。房地产开发项目应按规定计算土地增值税。土地增值税按四级超率累进税率计算，公式如下：

土地增值税税额＝增值额×适用税率

适用税率根据增值额是否超过扣除项目金额的比率多少确定。

在经济效果分析中，营业税、消费税、土地增值税、资源税和城市维护建设税、教育费附加均可包含在营业税金及附加中。

［**例5-1**］ 某选矿厂项目相关数据见表5-1，试根据表中数据完成该项目的增值税及营业税金的估算并填表。根据项目具体情况，其中城市维护建设税率按增值税的5%计取，教育费附加按增值税的5%计取，投入和产出的增值税税率都为17%。

表5-1 应缴增值税和营业税金及附加估算表(一) 万元

序号	项目	合计	计算期	
			第3年	第4～17年
	生产负荷	—	60%	100%
1	销售收入	119 939	4929	8215
2	外购原材料	61 402.35	2523.39	4205.64
3	燃料动力	20 516.21	843.13	1405.22
4	增值税			
4.1	销项税额			
4.2	进项税额			
5	营业税金及附加			
5.1	城市维护建设税			
5.2	教育费附加			

解：经计算后填表见表5-2。

表5-2 应缴增值税和营业税金及附加估算表(二) 万元

序号	项目	合计	计算期	
			第3年	第4～17年
	生产负荷		60%	100%
1	销售收入	119 939	4929	8215
2	外购原材料	61 402.35	2523.39	4205.64
3	燃料动力	20 516.21	843.13	1405.22
4	增值税	6463.42	265.62	442.7

续表

序号	项目	合计	计算期	
			第 3 年	第 4～17 年
4.1	销项税额	20 389.63	837.93	1396.55
4.2	进项税额	13 926.21	572.31	953.85
5	营业税金及附加	646.48	26.56	44.28
5.1	城市维护建设税	323.24	13.28	22.14
5.2	教育费附加	323.24	13.28	22.14

四、成本费用的估算

（一）总成本费用的估算

总成本费用是指在一定时期（项目评价中一般指一年）为生产和销售产品或提供服务而发生的全部费用。财务评价中通常采用生产要素估算法，计算公式为

总成本费用＝外购原材料、燃料及动力费＋人工工资及福利费＋折旧费＋摊销费＋修理费＋利息支出＋其他费用

各项要素的估算方法如下。

1. 外购原材料、燃料及动力费估算

（1）相关专业所提出的各种原材料、燃料动力的年耗用量；

（2）估算预测价格，应按入库价格计算，即到厂价格并考虑途库耗；

（3）适用的增值税税率。

2. 人工工资及福利费

（1）项目地点。工资及福利随地域的不同会有差异，项目评价时要合理反映。

（2）原企业工资水平。对于依托原有企业建设的项目，在确定工资时客观上需要将原企业工资水平作为参考。

（3）行业特点。不同行业的工资水平也可能有较大差异，确定工资时需要考虑行业特点。

3. 固定资产原值和折旧费的估算

（1）固定资产，是指企业使用期限超过 1 年的房屋、建筑物、机器、运输工具以及其他与生产、经营有关的设备、器具、工具等。不属于生产经营主要设备的物品，单位价值在 2000 元以上，并且使用年限超过 2 年的，也应当作为固定资产。

（2）固定资产原值，是指项目投产后按规定由投资形成固定资产的部分，主要包括工程费用（建筑工程费、设备购置费、安装工程费）、预备费和建设期利息。

（3）固定资产折旧，固定资产在使用过程中会受到磨损，其价值损失通常是通过提取折旧的方式得以补偿的。折旧的方法通常可分为直线法和快速折旧法。直线法又包括年限平均法和工作量法。快速折旧法常采用双倍余额递减法和年数总和法。

① 平均年限法，计算公式为

$$年折旧率=\frac{1-预计净残值率}{折旧年限}\times100\%$$

$$年折旧额=固定资产原值\times年折旧率$$

② 工作量法。工作量法又分为两种，一是按照工作小时计算折旧，二是按照工作量计算折旧。

按照行驶里程计算折旧的公式如下：

$$单位里程折旧额=\frac{固定资产原值\times(1-预计净残值率)}{总行驶里程}$$

$$年折旧额=单位里程折旧额\times年行驶里程$$

按照工作小时计算折旧的公式如下：

$$每工作小时折旧额=\frac{固定资产原值\times(1-预计净残值率)}{总工作小时}$$

$$年折旧额=每工作小时折旧额\times年工作小时$$

③ 双倍余额递减法，计算公式为

$$年折旧率=\frac{2}{折旧年限}\times100\%$$

$$年折旧额=年初固定资产净值\times年折旧率$$

$$年初固定资产净值=固定资产原值-以前各年累计折旧$$

实行双倍余额递减法的，应在折旧年限到期前两年内，将固定资产净值扣除残值后的净额平均摊销。

④ 年数总和法，计算公式为

$$年折旧率=\frac{折旧年限-已使用年限}{折旧年限\times(折旧年限+1)\div2}\times100\%$$

$$年折旧额=(固定资产原值-预计净残值)\times年折旧率$$

[例 5-2] 某公司 2010 年购入一套设备，该设备入账价值为 300 万元，预计使用年限为 5 年，预计净残率为 10%，采用年限平均法、双倍余额递减法、年数总和法计算折旧。

解：(1) 年限平均法：

$$年折旧率=\frac{1-10\%}{5}\times100\%=18\%$$

$$年折旧额=300\times18\%=54(万元)$$

(2) 双倍余额递减法：

$$年折旧率=\frac{2}{5}\times100\%=40\%$$

$$第1年折旧额=300\times40\%=120(万元)$$

$$第2年折旧额=(300-120)\times40\%=72(万元)$$

$$第3年折旧额=(300-120-72)\times40\%=43.2(万元)$$

$$第4、5年折旧额=[(300-120-72-43.2)-300\times10\%]\div2=17.4(万元)$$

(3) 年数总和法：

$$第1年年折旧率=\frac{5}{5\times(5+1)\div2}\times100\%=33.33\%$$

$$年折旧额=(300-300\times10\%)\times33.33\%=89.99(万元)$$

$$第2年年折旧率=\frac{5-1}{5\times(5+1)\div2}\times100\%=26.67\%$$

$$年折旧额=(300-300\times10\%)\times26.67\%=72.01(万元)$$

$$第3年年折旧率=\frac{5-2}{5\times(5+1)\div2}\times100\%=20\%$$

$$年折旧额=(300-300\times10\%)\times20\%=54(万元)$$

$$第4年年折旧率=\frac{5-3}{5\times(5+1)\div2}\times100\%=13.33\%$$

$$年折旧额=(300-300\times10\%)\times13.33\%=35.99(万元)$$

$$第5年年折旧率=\frac{5-4}{5\times(5+1)\div2}\times100\%=6.67\%$$

$$年折旧额=(300-300\times10\%)\times6.67\%=18.01(万元)$$

[例5-3] 某公司有汽车一辆，采用工作量法计算折旧，该汽车原值为20万元，预计使用10年，每年行驶里程8000公里，净残值率为10%，当月行驶里程2000公里，该汽车的当月折旧额是多少？

解：

$$月折旧额=\frac{20\times(1-10\%)}{8000}\times2000=4.5\ (万元)$$

4. 无形资产及其他资产摊销费

无形资产，是指企业拥有或控制的没有实物形态的可辨认的非货币性资产，包括专利权、非专利技术、商标权、著作权等。

其他资产原称递延资产，是指除固定资产、无形资产和流动资产之外的其他资产，如生产准备费、开办费等。

无形资产及其他资产摊销采用年限平均法，不计残值。

5. 固定资产修理费

固定资产修理费可直接按固定资产原值(扣除所含的建设期利息)的一定百分数进行估算，百分数的选取应考虑行业和项目特点。

6. 利息支出

利息支出的估算包括长期借款利息(即建设投资借款在投产后需支付的利息)、用于流动资金的借款利息和短期借款利息三部分。

(1) 长期借款利息(建设投资借款利息)，是指建设期间借款余额(含未支付的建设期利息)应在生产期支付的利息，通常有三种方法。

① 等额还本付息方式，是指在指定的还款期内每年还本付息的总额相同，随着本金的偿还，每年支付的利息逐年减少，同时每年偿还的本金逐年增多，计算公式如下：

$$A=I_C\times\frac{i(1+i)^n}{(1+i)^n-1}$$

式中，A——每年还本付息额(等额年金)；

I_C——还款年年初的借款余额(含未支付的建设期利息)；

i——年利率；

n——预定的还款期。

其中，每年支付利息＝年初本金累计×年利率

每年偿还本金＝A－每年支付利息

年初本金累计＝ I_C－本年以前各年偿还的本金累计

年末本金＝年初本金－本年偿还本金

② 等额还本、利息照付方式，是指在每年等额还本的同时，支付逐年减少的利息，计算公式如下：

$$A_t=\frac{I_C}{n}+I_C\times(1-\frac{t-1}{n})\times i$$

式中，A_t——第 t 年还本付息额；

$\frac{I_C}{n}$——每年偿还本金额；

$I_C\times(1-\frac{t-1}{n})\times i$——第 t 年支付利息额。

③ 最大能力还本付息方式。每年偿还本金按最大偿还能力计算，偿还能力主要包括可以用于还款的折旧费、摊销费以及税后利润，每年支付利息的计算公式如下：

每年支付利息＝年初本金累计×年利率

无论采用哪种还款方式，都要编制借款还本付息计划表，格式见表 5－3。

表 5－3 借款还本付息计划表 万元

序号	年份 项目	1	2	3	…	n
1	年初借款余额					
2	当年还本付息					
	其中：还本					
	付息					
3	年末借款余额					

［例 5－4］ 某建设项目，建设期为 2 年，贷款 2000 万元，在建设期内每年均匀投入 1000 万元，贷款利率为 10%，利息只计不付。贷款在项目投产后 4 年内还清，分别采用等额还本付息方式和等额还本、利息照付的方式。试计算每年应偿还的本金及利息分别是多少？并编制还本付息计划表。

解： 建设期第 1 年应计利息＝$(0+\frac{1000}{2})\times10\%=50$（万元）

第 2 年应计利息＝$\left(1000+50+\frac{1000}{2}\right)\times10\%=155$（万元）

还款期期初借款余额 $I_C=1000+50+1000+155=2205$（万元）

① 等额还本付息方式还款。

$$A=I_C\times\frac{i(1+i)^n}{(1+i)^n-1}=2205\times\frac{10\%(1+10\%)^4}{(1+10\%)^4-1}=2205\times\left(\frac{A}{P},10\%,4\right)$$

$$=2205\times0.31547=695.61(万元)$$

还款期第 1 年付息：$2205\times10\%=220.5$(万元)

还本：695.61－220.5＝475.11(万元)

第 2 年付息：(2205－475.11)×10％＝172.99(万元)

还本：695.61－172.99＝522.62(万元)

第 3 年付息：(2205－475.11－522.62)×10％＝120.73(万元)

还本：695.61－120.73＝574.88(万元)

第 4 年付息：(2205－475.11－522.62－574.88)×10％＝63.24(万元)

还本：695.61－63.24＝632.37(万元)

还本付息计划表如表 5-4 所示。

表 5-4 某建设项目借款还本付息计划表(一) 万元

序号	年份 项目	1	2	3	4
1	年初借款余额	2205	1729.89	1207.27	632.37
2	当年还本付息	695.61	695.61	695.61	695.61
	其中：还本	475.11	522.62	574.88	632.37
	付息	220.5	172.99	120.73	63.24
3	年末借款余额	1729.89	1207.27	632.37	0

② 等额还本、利息照付方式还款。

每年偿还本金额$=\dfrac{2205}{4}=551.25$（万元）

还款期第 1 年付息：$2205\times\left(1-\dfrac{1-1}{4}\right)\times 10\%=220.5$（万元）

第 2 年付息：$2205\times\left(1-\dfrac{2-1}{4}\right)\times 10\%=165.38$（万元）

第 3 年付息：$2205\times\left(1-\dfrac{3-1}{4}\right)\times 10\%=110.25$（万元）

第 4 年付息：$2205\times\left(1-\dfrac{4-1}{4}\right)\times 10\%=55.13$(万元)

还本付息计划表如表 5-5 所示。

表 5-5 某建设项目借款还本付息计划表(二) 万元

序号	年份 项目	1	2	3	4
1	年初借款余额	2205	1653.75	1102.5	551.25
2	当年还本付息	771.75	716.63	661.5	606.38
	其中：还本	551.25	551.25	551.25	551.25
	付息	220.5	165.38	110.25	55.13
3	年末借款余额	1653.75	1102.5	551.25	0

（2）流动资金借款利息。流动资金借款从本质上应归类为长期借款，但在我国，企业往往有可能与银行达成共识，按年终偿还，下年初再借的方式处理，并按一年期利率计息。如按这种方式计息，所估算的流动资金就可以按短期借款处理，计算公式如下：

年流动资金借款利息＝当年流动资金借款额×年利率

(3) 短期借款利息，是指项目运营期间为了满足资金的临时需要而发生的短期借款。短期借款的偿还按照随借随还的原则处理，即当年借款尽可能于下年偿还。

7. 其他费用估算

其他费用包括其他制造费用、其他管理费用和其他销售费用三项。其他制造费用通常按建设投资的百分数估算；其他管理费用通常按人员工资及福利费总额的一定比例估算；其他销售费用是按销售(营业)收入的百分比进行估算。

(二) 经营成本的估算

经营成本是项目分析与评价中所采用的特有概念，仅限于现金流量分析，而且是运营期内的主要现金流出项，其构成可用下式表示：

经营成本＝外购原材料费＋外购燃料及动力费＋工资及福利费＋修理费＋其他费用

经营成本与总成本费用存在如下关系：

经营成本＝总成本费用－折旧费－摊销费－利息支出

第三节 财务盈利能力分析

盈利能力分析是项目财务评价的主要内容之一，包括静态分析和动态分析两部分。

一、静态分析及评价指标

1. 静态分析

静态分析即不考虑资金的时间价值，静止地看待问题，所采用的每一期现金流量是当期的实际数值，而不是折现值。

常见的盈利能力静态分析指标有：项目投资回收期、总投资收益率、资本金净利润率等。

静态评价指标适用于评价短期投资项目，另外对方案进行概略评价时也常采用。

2. 盈利能力静态分析指标

1) 项目投资回收期(P_t)

P_t 是指以项目的净收益回收项目投资所需要的时间。通常以年为单位，从项目建设开始年算起，其表达式为

$$\sum_{t=0}^{P_t}(CI-CO)_t=0$$

项目投资回收期可借助项目现金流量表计算，项目现金流量表中累计净现金流量由负值变为零时的时点，即为项目的投资回收期，其计算公式为

$$P_t=\text{累计净现金流量出现正值的年份数}-1+\frac{\text{上一年累计净现金流量的绝对值}}{\text{当年的净现金流量}}$$

投资回收期越短，表明项目的盈利能力和抗风险能力越好。判别标准：求出的投资回收期可与行业基准投资回收期或投资者要求的最短投资回收期相比较，如果小于或等于行

业基准投资回收期或投资者要求的最短投资回收期，则可以考虑接受该项目，否则将不予接受。

2）总投资收益率(ROI)

ROI是指项目达到设计生产能力后正常年份的年息税前利润或运营期内年平均息税前利润与项目总投资的比率，其计算公式如下：

$$总投资收益率=\frac{年息税前利润}{项目总投资}\times 100\%$$

其中，年息税前利润＝利润总额＋全部利息支出，或

年息税前利润＝营业收入－营业税金及附加－经营成本－折旧和摊销

当计算出的总投资收益率高于行业收益率参考值时，认为该项目盈利能力满足要求。

3）项目资本金净利润率(ROE)

ROE指项目达到设计能力后正常年份的年净利润或运营期内年平均净利润与项目资本金的比率。表示项目资本金的盈利水平，其计算公式如下：

$$资本金净利润率=\frac{年净利润}{项目资本金}\times 100\%$$

其中， 年净利润＝利润总额－所得税。

当计算出的资本金净利润率高于行业净利润率参考值时，表明用项目资本金净利润率表示的盈利能力满足要求。

[例5－5] 某电子产品项目，根据营业税金及附加表及总成本费用表做出该项目的利润表，见表5－6。已知该项目的总投资为6000万元，项目资本金为3000万元，计算该项目的总投资收益率和项目资本金净利润率指标。

表5－6　某项目利润表的部分数据　　　　万元

项目＼年份	2	3	4	5	6	7	8
营业收入	2925	5400	7875	7875	4550	2500	450
营业税金及附加	34	61	88	88	42	17	3
总成本费用	2370	3240	4110	4080	3450	1860	660
利润总额	521	2099	3677	3707	1058	623	－213
所得税	172	693	1213	1223	349	206	0
净利润	349	1406	2464	2484	709	417	－213
息税前利润	681	2229	3777	3777	1098	633	－203

解： $$年均息税前利润=\frac{(681+2229+3777+3777+1098+633-203)}{7}=1713\ (万元)$$

$$总投资收益率=\frac{1713}{6000}\times 100\%=28.55\%$$

$$年平均净利润=\frac{349+1406+2464+2484+709+417-213}{7}=1088\ (万元)$$

$$资本金净利润率=\frac{1088}{3000}\times 100\%=36.27\%$$

二、动态分析及评价指标

1．动态分析

动态分析即考虑了资金的时间价值，采用了折现现金流量的方法，能如实反映资金实际运用情况和全面体现整个寿命期内的经济活动和经济效益，能对项目投资的经济效果做出更加符合实际的评价。

盈利能力的动态分析指标主要有净现值、内部收益率、净现值率、动态投资回收期等。

2．盈利能力动态分析指标

1）净现值(NPV)

净现值(NPV)是指按设定的折现率 i_C 分别把整个计算期内各年所发生的净现金流量都折现到建设期初的现值之和，其计算公式为

$$\mathrm{NPV}=\sum_{t=0}^{n}\left[(CI-CO)_t(1+i_C)^{-t}\right]$$

式中，CI——现金流入；

CO——现金流出；

$(CI-CO)_t$——第 t 年的净现金流量；

n——计算期年数；

i_C——设定的折现率，通常可选财务内部收益率的基准值(最低可接受收益率)。

项目净现值是考察项目盈利能力的绝对量指标，它反映项目在满足按设定折现率要求的盈利之外所能获得的超额盈利的现值。

判别标准：当 $\mathrm{NPV}\geqslant 0$，表明项目的盈利能力达到或超过了设定折现率所要求的盈利水平，项目可行；当 $\mathrm{NPV}<0$，说明项目不能满足设定的折现率所要求的盈利水平，项目不可行。

2）内部收益率(IRR)

内部收益率(IRR)是指能使项目在整个计算期内各年净现金流量现值累计等于零时的折现率，它是考察项目盈利能力的相对量指标，其表达式为

$$\sum_{t=0}^{n}(CI-CO)_t(1+\mathrm{IRR})^{-t}=0$$

项目财务内部收益率一般通过计算机软件中配置的财务函数计算，如果需要手工计算，可采用试差法进行计算，其计算公式为

$$\mathrm{IRR}=i_1+\frac{\mathrm{NPV}_1}{\mathrm{NPV}_1+|\mathrm{NPV}_2|}\times(i_2-i_1)$$

式中，i_1——当净现值为接近于零的正值时的折现率；

i_2——当净现值为接近于零的负值时的折现率；

NPV_1——与 i_1 对应的试算折现率；

NPV_2——与 i_2 对应的试算折现率。

内部收益率的判别准则为：设基准收益率为 i_C，当 $\mathrm{IRR}\geqslant i_C$ 时，则认为项目的盈利性满足要求，该项目的财务效益可以接受；当 $\mathrm{IRR}<i_C$ 时，项目盈利性未满足要求，该项目应进行修改或放弃。

三、盈利能力分析相关报表的编制

进行盈利能力分析，主要编制利润与利润分配表、项目投资现金流量表和项目资本金现金流量表。

编制利润与利润分配表，主要用于静态分析，计算项目的总投资收益率和资本金净利润率，表格形式如表5-7所示。

表5-7　利润与利润分配表　　　　万元

序号	项目	计算期/年份				
		1	2	3	…	n
1	营业收入					
2	营业税金及附加					
3	总成本费用					
4	利润总额(1－2－3)					
5	弥补以前年度亏损					
6	应纳税所得额(4－5)					
7	所得税					
8	净利润(4－7)					
9	期初未分配利润					
10	可供分配利润(8＋9)					
11	提取法定盈余公积金[(8)×10%]					
12	可供投资者分配利润(10－11)					
13	应付投资者各方股利					
14	未分配利润(12－13)					
15	息税前利润(4＋利息支出)					

编制现金流量表主要用于动态分析，其中项目投资现金流量表主要计算项目投资财务内部收益率(所得税前、后)、财务净现值(所得税前、后)、项目投资回收期(所得税前、后)，表格形式如表5-8所示。

表5-8　项目投资现金流量表　　　　万元

序号	项目	计算期/年份				
		1	2	3	…	n
1	现金流入					
1.1	营业收入					
1.2	回收固定资产余值					

续表

序号	项目	计算期/年份				
		1	2	3	…	n
1.3	回收流动资金					
2	现金流出					
2.1	建设投资					
2.2	流动资金					
2.3	经营成本					
2.4	营业税金及附加					
3	所得税前净现金流量(1－2)					
4	累计税前净现金流量					
5	调整所得税					
6	税后净现金流量(3－5)					
7	累计税后净现金流量					

注：调整所得税以息税前利润为基数计算所得税，区别于“利润与利润分配表”、“项目资本金现金流量表”和“财务计划现金流量表”中的所得税。

编制项目资本金现金流量表，主要计算资本金财务内部收益率。表格形式如表 5－9 所示。

表 5－9　项目资本金现金流量表　　万元

序号	项目	计算期/年份				
		1	2	3	…	n
1	现金流入					
1.1	营业收入					
1.2	回收固定资产余值					
1.3	回收流动资金					
2	现金流出					
2.1	用于建设投资的项目资本金					
2.2	用于流动资金的项目资本金					
2.3	经营成本					
2.4	营业税金及附加					
2.5	借款本金偿还					
2.6	借款利息支付					
2.7	所得税					
3	税后净现金流量(1－2)					

[例 5－6]　拟建某工业项目，该建设项目的基础数据如下：

(1) 固定资产投资估算总额为 5263.90 万元(其中 600 万元形成无形资产)。建设期为 2 年，运营期为 6 年。

(2) 本项目固定资产投资来源为自有资金和贷款。自有资金在建设期内均衡投入；贷款方式见例 5－4，且采用第一种等额还本付息的方式还款。无形资产在运营期 6 年中均匀摊入成本。固定资产残值为 300 万元，按年限平均法折旧，折旧年限为 12 年。所得税税率为 33%。

(3) 本项目第 3 年投产，当年生产负荷达设计生产能力 70%，第 4 年达到设计生产能力 90%，以后各年均达到设计生产能力。流动资金全部为自有资金。

(4) 股东会约定正常年份按可代投资者分配利润 50%比例提取应付投资者各方的股利。运营期的前两年根据达产比例按正常年份 70%和 90%比例提取。

(5) 建设项目的资金投入、收益及成本费用见表 5－10。

表 5－10　某建设项目的资金投入、收益及成本费用　　万元

序号	项目	计算期/年份							
		1	2	3	4	5	6	7	8
1	建设投资：资本金	1529.45	1529.45						
	贷款	1000	1000						
2	营业额			3500	4500	5000	5000	5000	5000
3	营业税金及附加			210	270	300	300	300	300
4	年经营成本			2490.84	3202.51	3558.34	3558.34	3558.34	3558.34
5	流动资产(应收账款＋现金＋存货)			532	684	760	760	760	760
6	流动负债(应付账款)			89.83	115.5	128.33	128.33	128.33	128.33
7	流动资金(5－6)			442.17	568.5	631.67	631.67	631.67	631.67

试编制该项目的利润及利润分配表、项目投资现金流量表、项目资本金现金流量表，并计算相应的评价指标。

解：(1) 编制利润及利润分配表需要先编制总成本费用表，见表 5－11。

固定资产折旧费＝(5263.90－600－300)÷12＝363.66(万元)

无形资产摊销费＝600÷6＝100(万元)

表 5－11　某建设项目总成本费用表　　万元

序号	项目	计算期/年份					
		3	4	5	6	7	8
1	年经营成本	2490.84	3202.51	3558.34	3558.34	3558.34	3558.34
2	年折旧费	363.66	363.66	363.66	363.66	363.66	363.66

续表

序号	项目	计算期/年份					
		3	4	5	6	7	8
3	年摊销费	100	100	100	100	100	100
4	利息支出	220.50	172.99	120.73	63.24	0	0
5	总成本费用	3175	3839.16	4142.73	4085.24	4022	4022

以第 3 年为例计算利润表中相关数据：

第 3 年利润总额 =(3500－210－3175)=115(万元)

第 3 年应缴纳所得税=115×33%=37.95(万元)

第 3 年净利润=115－37.95=77.05(万元)

期初无未分配利润和弥补亏损，本年净利润=可供分配利润

第 3 年盈余公积金=77.05×10%=7.71(万元)

第 3 年可供投资者分配利润=77.05－7.71=69.34(万元)

第 3 年应付投资者各方股利=69.34×50%×70%=24.27(万元)

第 3 年未分配利润=69.34－24.27=45.07(万元)

第 3 年还款未分配利润=475.11－363.66－100=11.45(万元)

第 3 年剩余未分配利润=45.07－11.45=33.62(万元)

第 3 年剩余未分配利润=第 4 年初未分配利润

其余各年同理。

编制利润及利润分配表，见表 5-12。

根据利润及利润分配表计算相关指标：

$$年息税前利润=\frac{355.50+563.83+678\times 4}{6}=605.22\ (万元)$$

$$总投资收益率=\frac{605.22}{631.67+5263.90}\times 100\%=10.27\%$$

$$年均净利润=\frac{77.05+261.86+373.37+411.89+454.26\times 2}{6}=338.78\ (万元)$$

$$资本金净利润率=\frac{338.78}{1529.45\times 2}\times 100\%=11.08\%$$

表 5-12　某建设项目利润与利润分配表　　万元

序号	项目	计算期/年份					
		3	4	5	6	7	8
1	营业收入	3500	4500	5000	5000	5000	5000
2	营业税金及附加	210	270	300	300	300	300
3	总成本费用	3175	3839.16	4142.73	4085.24	4022	4022
4	利润总额(1－2－3)	115	390.84	557.27	614.76	678	678
5	弥补以前年度亏损	0	0	0	0	0	0

续表

序号	项目	计算期					
		3	4	5	6	7	8
6	应纳税所得额(4－5)	115	390.84	557.27	614.76	678	678
7	所得税	37.95	128.98	183.90	202.87	223.74	223.74
8	净利润(4－7)	77.05	261.86	373.37	411.89	454.26	454.26
9	期初未分配利润	0	33.62	89.16	101.37	67.31	238.07
10	可供分配利润(8＋9)	77.05	295.49	462.53	513.26	521.57	692.33
11	提取法定盈余公积金[(8)×10%]	7.71	26.19	37.34	41.19	45.43	45.43
12	可供投资者分配利润(10－11)	69.35	269.30	425.19	472.07	476.14	646.90
13	应付投资者各方股利	24.27	121.19	212.59	236.04	238.07	323.45
14	未分配利润(12－13)	45.07	148.12	212.59	236.04	238.07	323.45
15	息税前利润（4＋利息支出）	335.50	563.83	678	678	678	678

(2) 编制项目投资现金流量表，见表 5－13。

根据项目投资现金流量表计算各评价指标，设 $i_C=8\%$：

税前：$P_t=8-1+\dfrac{438.94}{4255.29}=7.1$(年)>8 年

NPV＝853.68 (万元)>0

IRR＝11.88%>8%

税后：$P_t=8-1+\dfrac{1406.94}{4031.55}=7.35$(年)>8 年

NPV＝84.33 (万元)>0

IRR＝8.39%>8%

该项目盈利能力较好。

注：行业基准投资回收期为 8 年。

表 5－13　某建设项目投资现金流量表　　万元

序号	项目	计算期							
		1	2	3	4	5	6	7	8
1	现金流入	—	—	3500	4500	5000	5000	5000	8113.63
1.1	营业收入	—	—	3500	4500	5000	5000	5000	5000
1.2	回收固定资产余值	—	—	—	—	—	—	—	2481.96
1.3	回收流动资金	—	—	—	—	—	—	—	631.67

续表

序号	项目	计算期							
		1	2	3	4	5	6	7	8
2	现金流出	2529.45	2529.45	3143.01	3598.84	3921.51	3858.34	3858.34	3858.34
2.1	建设投资	2529.45	2529.45	—	—	—	—	—	—
2.2	流动资金	—	—	442.17	126.33	63.17	—	—	—
2.3	经营成本	—	—	2490.84	3202.51	3558.34	3558.34	3558.34	3558.34
2.4	营业税金及附加	—	—	210	270	300	300	300	300
3	所得税前净现金流量(1—2)	—2529.45	—2529.45	356.99	901.16	1078.49	1141.66	1141.66	4255.29
4	累计税前净现金流量	—2529.45	—5058.90	—4701.91	—3800.75	—2722.26	—1580.60	—438.94	3816.35
5	调整所得税	—	—	110.72	186.06	223.74	223.74	223.74	223.74
6	税后净现金流量(3—5)	—2529.45	—2529.45	246.28	715.10	854.75	917.92	917.92	4031.55
7	累计税后净现金流量	—2529.45	—5058.90	—4812.63	—4097.53	—3242.78	—2324.86	—1406.94	2624.61

（3）编制项目资本金现金流量表，见表5-14。

表5-14　某建设项目资本金现金流量表　　万元

序号	项目	计算期/年份							
		1	2	3	4	5	6	7	8
1	现金流入	0	0	3500	4500	5000	5000	5000	8113.63
1.1	营业收入	—	—	3500	4500	5000	5000	5000	5000
1.2	回收固定资产余值	—	—	—	—	—	—	—	2481.96
1.3	回收流动资金	—	—	—	—	—	—	—	631.67
2	现金流出	1529.45	1529.45	3876.57	4423.43	4801.02	4756.84	4082.08	4082.08
2.1	用于建设投资的项目资本金	1529.45	1529.45	—	—	—	—	—	—
2.2	用于流动资金的项目资本金	—	—	442.17	126.33	63.17	—	—	—
2.3	经营成本	—	—	2490.84	3202.51	3558.34	3558.34	3558.34	3558.34
2.4	营业税金及附加	—	—	210	270	300	300	300	300
2.5	借款本金偿还	—	—	475.11	522.62	574.88	632.39	—	—

续表

序号	项目	计算期/年份							
		1	2	3	4	5	6	7	8
2.6	借款利息支付	—	—	220.5	172.99	120.73	63.24	—	—
2.7	所得税	—	—	37.95	128.98	183.90	202.87	223.74	223.74
3	税后净现金流量(1－2)	－1529.45	－1529.5	－376.57	76.57	198.98	243.16	917.92	4031.55

内部收益率 IRR＝8.19％。

第四节　财务偿债能力和生存能力分析

一、财务偿债能力分析

（一）偿债能力的评价指标

偿债能力的评价指标主要有利息备付率、偿债备付率、资产负债率、流动比率、速动比率等。

1. 利息备付率

利息备付率是指在借款偿还期内可用于支付利息的息税前利润与当年应付利息的比值。该指标从付息资金来源的充裕性角度反映项目支付债务利息的能力，其计算公式为

$$利息备付率=\frac{息税前利润}{应付利息额}$$

式中，息税前利润＝利润总额＋当年应付利息；

当年应付利息是指计入总成本费用的应付利息。

利息备付率应分年计算，分别计算在债务偿还期内各年的利息备付率。

利息备付率表示使用项目利润偿付利息的保证倍率。对于正常经营的企业，利息备付率至少应大于1，一般不低于2，并结合债权人的要求确定。利息备付率高，说明利息支付的保证度大，偿债风险小；利息备付率低于1，表示没有足够资金支付利息，偿债风险很大。

2. 偿债备付率

偿债备付率是指在债务偿还期内，可用于还本付息的资金与当年应还本付息额的比值。该指标是从偿债资金来源的充裕性角度反映偿付债务本息的能力，其计算公式为

$$偿债备付率=\frac{可用于还本付息资金}{应还本付息额}$$

式中，可用于还本付息资金＝息税前利润＋折旧＋摊销－所得税；

当年应还本付息金额包括当期还本金额及计入总成本费用的全部利息；

偿债备付率应分年计算，分别计算在债务偿还期内各年的偿债备付率。

偿债备付率表示可用于还本付息的资金偿还借款本息的保证倍率。正常情况应大于1，且越高越好。不宜低于1.3，并结合债权人的要求确定。偿债备付率低，说明偿付债务本息的资金不充足，偿债风险大。当这一指标小于1时，表示可用于计算还本付息的资金不足以偿付当年债务。

利息备付率、偿债备付率指标可根据还本付息计划表、利润表以及总成本费用表的有关数据计算。

[例5－7] 根据例5－6相关数据，计算该项目的利息备付率、偿债备付率指标。

解：根据该项目的借款还本付息计划表、利润表以及总成本费用表的有关数据汇总见表5－15。

表5－15 某项目与备付率指标有关的数据 万元

项目 \ 年份	3	4	5	6
应还本付息额	695.61	695.61	695.61	695.61
应付利息额	220.5	172.99	120.73	63.24
息税前利润	335.5	563.83	678	678
年折旧费	363.66	363.66	363.66	363.66
年摊销费	100	100	100	100
所得税	37.95	128.98	183.90	202.87

据表5－15计算的各年备付率指标见表5－16。

表5－16 某项目利息备付率和偿债备付率指标

项目 \ 年份	3	4	5	6
利息备付率	1.52	3.26	5.62	10.72
偿债备付率	1.09	1.30	1.38	1.35

各年的利息备付率和偿债备付率均大于1，第3年为投产第1年，生产负荷只有设计生产能力的70%，所以利息备付率和偿债备付率偏低，从第4年开始利息备付率均大于2，偿债备付率均不低于1.3，偿债能力较强。

3. 资产负债率

资产负债率是指企业某个时点负债总额同资产总额的比率，它表示企业总资产中有多少是通过负债得来的，是评价企业负债水平的综合指标，其计算公式为

$$资产付债率=\frac{负债总额}{资产总额}\times 100\%$$

适度的资产负债率既能表明企业投资人、债权人的风险较小，又能表明企业经营安

全、稳健、有效，具有较强的融资能力。国际上公认的较好的资产负债率指标是60%。但是难以简单地用资产负债率的高或低来进行判断，因为过高的资产负债率表明企业财务风险太大；过低的资产负债率则表明企业对财务杠杆利用不够。在财务评价中，当长期债务还清后，可不再计算资产负债率。

4. 流动比率

流动比率是企业某个时点流动资产同流动负债的比率，其计算公式为

$$流动比率=\frac{流动资产}{流动负债}\times 100\%$$

流动比率是衡量企业资金流动性的大小，考察流动资产规模与负债规模之间的关系，判断企业短期债务到期前，可转化为现金用于偿还流动负债的能力。该指标越高，说明偿还流动负债的能力越强。但该指标过高，说明企业资金利用效率低，对企业运营也不利。国际公认的标准比率是200%。

5. 速动比率

速动比率是企业某个时点的速动资产同流动负债的比率，其计算公式为

$$速动比率=\frac{速动资产}{流动负债}\times 100\%$$

式中，速动资产=流动资产−存货。

速动比率指标是对流动比率指标的补充，是将流动比率指标计算公式的分子剔除了流动资产中变现能力最差的存货后，计算企业实际的短期债务偿还能力，较流动比率更为准确地反映偿还流动负债的能力。该指标越高，说明偿还流动负债的能力越强。与流动比率一样，该指标过高，说明企业资金利用效率低，对企业运营也不利。国际上公认的标准比率为100%。

（二）偿债能力分析的主要报表

资产负债率、流动比率、速动比率这三个偿债能力评价指标要通过资产负债表得出。资产负债表用于综合反映项目计算期内各年年末资产、负债和所有者权益的增减变化及对应关系。表格形式如表5-17所示。

表5-17 资产负债表 万元

序号	项目	计算期/年份				
		1	2	3	…	n
1	资产					
1.1	流动资产总额					
1.1.1	现金					
1.1.2	应收账款					
1.1.3	存货					
1.1.4	其他					
1.2	在建工程					

续表

序号	项目	计算期/年份				
		1	2	3	…	n
1.3	固定资产净值					
1.4	无形及其他资产净值					
2	负债及所有者权益(2.4+2.5)					
2.1	流动负债总额					
2.1.1	短期借款					
2.1.2	应付账款					
2.1.3	其他					
2.2	建设投资借款					
2.3	流动资金借款					
2.4	负债小计(2.1+2.2+2.3)					
2.5	所有者权益					
2.5.1	资本金					
2.5.2	资本公积金					
2.5.3	累计盈余公积金					
2.5.4	累计未分配利润					

注：(1) 现金应包括累计盈余资金。

(2) 资本公积金是企业非经营原因产生的资产增值。股份公司的资本公积金，主要来源于股票发行的溢价收入、接受的赠与、资产增值、因合并而接受其他公司资产净额等。其中，股票发行溢价是上市公司最常见、最主要的资本公积金来源。

(3) 盈余公积金是指企业按照规定从税后利润中提取的积累资金。一般按税后利润的10%提取。其用途有三个方面：弥补亏损；扩大企业经营规模或者转增资本金；分配股利。

二、财务生存能力分析

1. 财务生存能力分析

财务生存能力分析，也称资金平衡分析，是根据财务计划现金流量表，综合考察项目计算期内的投资、融资及经营活动所产生的各项现金流入和流出，计算净现金流量和累计盈余资金，分析项目是否有足够的净现金流量维持正常经营，以评价财务可持续性。

财务生存能力分析应结合偿债能力分析进行，主要通过以下两个方面分析：

(1) 是否有足够的净现金流量维持正常运营；

(2) 各年累计盈余资金不出现负值是财务上可持续的必要条件。

2. 财务计划现金流量表的编制

财务生存能力分析主要是通过编制财务计划现金流量表来进行。其形式见表5-18。

表 5－18　财务计划现金流量表　　　　万元

序号	项目	计算期/年份				
		1	2	3	…	n
1	经营活动净现金流量					
1.1	现金流入					
1.1.1	营业收入					
1.1.2	其他流入					
1.2	现金流出					
1.2.1	经营成本					
1.2.2	营业税金及附加					
1.2.3	所得税					
1.2.4	其他流出					
2	投资活动净现金流量					
2.1	现金流入					
2.2	现金流出					
2.2.1	建设投资					
2.2.2	维持运营投资					
2.2.3	流动资金					
2.2.4	其他流出					
3	筹资活动净现金流量					
3.1	现金流入					
3.1.1	项目资本金投入					
3.1.2	建设投资借款					
3.1.3	流动资金借款					
3.1.4	债券					
3.1.5	短期借款					
3.1.6	其他流入					
3.2	现金流出					
3.2.1	各种利息支出					
3.2.2	偿还债务本金					
3.2.3	应付利润(股利分配)					
3.2.4	其他流出					
4	净现金流量(1＋2＋3)					
5	累计盈余资金					

注：对新设法人项目，本表投资活动的现金流入为零；对既有法人项目，可适当增加科目。

[例 5－8] 根据例 5－6 相关数据，编制财务计划现金流量表和资产负债表，并计算资产负债率、流动比率。

解：(1) 编制财务计划现金流量表，见表 5－19。

表 5－19 某项目财务计划现金流量表 万元

序号	项目	计算期/年份							
		1	2	3	4	5	6	7	8
1	经营活动净现金流量	—	—	761.21	898.51	957.76	938.79	917.92	917.92
1.1	现金流入	—	—	3500	4500	5000	5000	5000	5000
1.1.1	营业收入	—	—	3500	4500	5000	5000	5000	5000
1.2	现金流出	—	—	2738.79	3601.49	4042.24	4061.21	4082.08	4082.08
1.2.1	经营成本	—	—	2490.84	3202.51	3558.34	3558.34	3558.34	3558.34
1.2.2	营业税金及附加	—	—	210	270	300	300	300	300
1.2.3	所得税	—	—	37.95	128.98	183.90	202.87	223.74	223.74
2	投资活动净现金流量	－2579.5	－2684.45	－442.17	－126.33	－63.17	—	—	—
2.1	现金流入	—	—	—	—	—	—	—	—
2.2	现金流出	2579.45	2684.45	442.17	126.33	63.17	—	—	—
2.2.1	建设投资	2579.45	2684.45	—	—	—	—	—	—
2.2.2	流动资金	—	—	442.17	126.33	63.17	—	—	—
3	筹资活动净现金流量	2579.45	2684.45	－277.71	－690.47	－845.03	－931.67	－238.07	－323.45
3.1	现金流入	2579.45	2684.45	442.17	126.33	63.17	—	—	—
3.1.1	项目资本金投入	1529.45	1529.45	442.17	126.33	63.17	—	—	—
3.1.2	建设投资借款	1050	1155	—	—	—	—	—	—
3.1.3	流动资金借款	—	—	0	0	0	—	—	—
3.2	现金流出	—	—	719.88	816.80	908.20	931.67	238.07	323.45
3.2.1	各种利息支出	—	—	220.50	172.99	120.73	63.24	—	—
3.2.2	偿还债务本金	—	—	475.11	522.62	574.88	632.39	—	—
3.2.3	应付利润（股利分配）	—	—	24.27	121.19	212.59	236.04	238.07	323.45
4	净现金流量（1＋2＋3）	0	0	41.33	81.72	49.56	7.12	679.85	594.47
5	累计盈余资金	0	0	41.33	123.05	172.60	179.72	859.57	1454.04

运营期各年均有足够的净现金流量维持正常运营，且各年累计盈余资金不小于0，该项目的财务生存能力较好。

(2) 编制该项目的资产负债表，见表5-20。

表5-20　某项目资产负债表　　万元

序号	项目	计算期/年份							
		1	2	3	4	5	6	7	8
1	资产	2579.45	5263.90	5373.57	5177.25	4928.30	4573.14	4856.64	5225.52
1.1	流动资产总额	—	—	573.33	840.67	1055.38	1163.88	1911.04	2743.58
1.1.1	流动资产	—	—	532	684	760	760	760	760
1.1.2	累计盈余资金	0	0	41.33	123.05	172.60	179.72	859.57	1454.04
1.1.3	期初未分配利润	—	—	0	33.62	122.78	224.16	291.47	529.54
1.2	在建工程	2579.45	5263.90	—	—	—	—	—	—
1.3	固定资产净值	—	—	4300.24	3936.58	3572.92	3209.26	2845.60	2481.94
1.4	无形及其他资产净值	—	—	500	400	300	200	100	0
2	负债及所有者权益(2.4+2.5)	2579.45	5263.90	5373.57	5177.25	4928.30	4573.14	4856.64	5225.52
2.1	流动负债总额	—	—	89.83	115.5	128.33	128.33	128.33	128.33
2.2	建设投资借款	1050	2205	1729.89	1207.27	632.37	—	—	—
2.4	负债小计(2.1+2.2+2.3)	1050	2205	1819.72	1322.77	760.7	128.33	128.33	128.33
2.5	所有者权益	1529.45	3058.9	3553.85	3854.48	4167.58	4444.81	4728.31	5097.19
2.5.1	资本金	1529.45	3058.90	3501.07	3627.40	3690.57	3690.57	3690.57	3690.57
2.5.3	累计盈余公积金	—	—	7.71	33.89	71.23	112.42	157.84	203.27
2.5.4	累计未分配利润	—	—	45.07	193.19	405.78	641.82	879.89	1203.35

根据资产负债表计算资产负债率和流动比率指标，见表5-21。

表5-21　某项目资产负债率和流动比率指标　　%

序号	年份 / 项目	1	2	3	4	5	6	7	8
1	资产负债率	40.71	41.89	33.86	25.55	15.44	2.81	2.64	2.46
2	流动比率	—	—	592.23	592.21	592.22	592.22	592.22	592.22

各年的资产负债率均低于60%，说明企业对财务杠杆利用不够；各年的流动比率均高于200%，说明企业资金利用效率较低。

(3) 评价结论：综合以上各部分分析，该工业项目盈利能力、偿债能力、财务生存能力均较好，该项目投资计划在财务上可行。但应加强对财务杠杆的利用，提高资金的使用效率。

三、财务评价的基本报表与评价指标的对应关系

财务评价的基本报表与评价指标的对应关系如表 5－22 所示。

表 5－22　基本报表与评价指标的对应关系

评价内容	基本报表	财务分析主要指标	
		静态指标	动态指标
盈利能力分析	项目投资现金流量表	投资回收期	财务内部收益率
			财务净现值
	资本金现金流量表		资本金财务内部收益率
	利润与利润分配表	总投资收益率	—
		资本金净利润率	
清偿能力分析	借款还本付息计划表	利息备付率	—
		偿债备付率	
	资产负债表	资产负债率	—
		流动比率	
		速动比率	
生存能力分析	财务计划现金流量表	累计盈余资金	—

复习思考题

1. 财务评价的含义是什么？财务评价主要包括哪些步骤？

2. 财务评价的基本原则是什么？

3. 固定资产折旧的方法有几种？如何进行折旧额的估算？

4. 对于长期借款利息的估算，等额还本付息和等额还本、利息照付这两种方式主要有什么区别？

5. 财务评价需要编制哪些基本报表？项目投资现金流量表和资本金投资现金流量表如何编制？二者的主要区别是什么？

6. 通过现金流量表，我们可以计算得到哪几个财务评价指标？其中哪些是静态指标，哪些是动态指标？

7. 通过资产负债表，我们可以计算得到哪几个财务评价指标？

第六章 建设项目经济评价

学习目标和要求

1. 掌握经济评价的概念和内容；
2. 正确理解和掌握经济评价的适用范围；
3. 掌握经济评价和财务评价的共同点和区别；
4. 正确识别经济效益和费用，掌握直接效益和直接费用、间接效益和间接费用的含义；
5. 掌握转移支付的含义以及包括的主要项目；
6. 掌握影子价格的含义，熟悉市场定价货物的影子价格计算方法，掌握特殊投入物的影子价格的计算方法；
7. 掌握经济费用效益分析报表的编制和经济费用效益分析指标的计算；
8. 掌握经济评价参数社会折现率、影子汇率、影子工资的含义、计算方法及国家测定的标准值。

在现实经济中，由于市场本身的原因及政府不恰当的干预，都可能导致市场配置资源失灵，市场价格难以反映建设项目的真实经济价值，即财务评价与经济评价的结论可能会不一致，客观上需要通过经济评价来反映建设项目的真实经济价值，判断投资的经济合理性，为投资决策提供依据。

第一节 经济评价概述

一、经济评价的概念

经济评价又称经济分析，是按照合理配置资源的原则，采用社会折现率、影子汇率、影子工资等经济分析参数，从项目对社会所做贡献以及社会为项目付出代价的角度，考察项目的经济合理性。

二、经济评价的适用范围

(1) 市场自行调节的行业项目一般不必进行经济评价。

(2) 市场配置资源失灵的项目需要进行经济评价。

市场配置资源失灵的项目包括：

① 具有自然垄断特征的项目，例如电力、电信、交通运输等行业的项目。

② 产出具有公共产品特征的项目（国土安全、维护社会秩序、公共教育、公共卫生），即项目提供的产品或服务在同一时间内可以被共同消费，具有“消费的非排他性”（未花钱购买公共产品的人不能被排除在此产品或服务的消费之外）和“消费的非竞性”特征（一人消费一种公共产品并不以牺牲其他人的消费为代价）。

③ 外部效果显著的项目，外部效果是指企业或个人的行为对活动以外的企业或个人造成的影响。外部效果可以是积极的也可以是消极的。例如河流上游农民种树，保持水土，使下游农民旱涝保收，这是积极的外部效果；上游滥砍滥伐，造成下游洪水泛滥和水土流失，这是消极的外部效果。

④ 涉及国家控制的战略性资源开发和关系国家经济安全的项目，如企业投资建设涉及影响环境资源、公共利益等问题需要政府核准的项目。

⑤ 受过度行政干预的项目。如政府投资的公益性和公共基础设施项目、重大战略性资源开发项目等。

三、经济评价的内容

主要是识别经济效益与费用，计算和选取影子价格，编制经济评价报表与经济效益费用流量表，计算经济评价指标并进行方案比选。

四、经济评价与财务评价的关系

1. 经济评价与财务评价的共同点

（1）评价方法相同。二者都是经济效果评价，即效益与费用比较的理论方法。都要寻求以最小的投入获取最大的产出，都考虑资金的时间价值，进行动态分析，计算内部收益率和净现值等指标。

（2）评价的基础工作相同。两种评价都要在完成产品需求预测、工艺技术选择、投资估算、资金筹措方案等可行性研究内容的基础上进行。

（3）评价的计算期相同。

2. 经济评价与财务评价的区别

（1）两种评价的角度和基本出发点不同。财务评价是站在项目的层次上，从项目经营者、投资者、未来债权人角度，分析项目的财务效益和财务可持续性，分析投资各方的实际收益或损失，分析投资或贷款的风险及收益；经济评价是站在国家的层次上，从全社会的角度分析评价项目对社会经济的效益和费用。

（2）费用和效益的含义和划分范围不同。财务评价只根据项目直接发生的财务收支，计算项目的直接效益和费用；经济评价则从全社会的角度考察项目的效益和费用，不仅要考虑直接的效益和费用，还要考虑间接的效益和费用。从全社会的角度考虑，项目的有些收入和支出不能作为费用或效益，例如企业向政府缴纳的税金和政府给予企业的补贴、国内银行贷款利息。

（3）财务评价与经济评价所使用的价格体系不同。财务评价使用市场预测价格，经济评价则使用影子价格。

（4）两种评价使用的参数不同。如衡量盈利性指标内部收益率的判据，财务评价中用行业基准收益率，经济评价中则使用社会折现率，行业基准收益率依行业的不同而不同，而社会折现率则是全国各行业各地区都是一致的。

（5）评价内容不同。财务评价要进行盈利能力分析、偿债能力分析、财务生存能力分析；而经济评价只进行盈利性分析。

第二节　经济效益与费用识别

一、经济效益与费用识别的基本要求

1. 对经济效益与费用进行全面识别

凡项目对社会经济所作的贡献，均计为项目的经济效益，包括项目的直接效益和间接效益。凡社会经济为项目所付出的代价(即社会资源的耗费，或称社会成本)均计为项目的经济费用，包括直接费用和间接费用。因此需要对项目涉及的所有社会成员的有关效益和费用进行全面识别。

2. 正确处理"转移支付"

正确处理"转移支付"是经济效益与费用识别的关键。对社会成员之间发生的财务收入与支出，应从是否新增加社会资源和是否增加社会资源消耗的角度出发加以识别，将不新增加社会资源和不增加社会资源消耗的财务收入与支出视作社会成员之间的"转移支付"，在经济评价中不作为经济效益与费用。

3. 遵循以本国社会成员作为分析对象的原则

经济效益与费用的识别应以本国社会成员作为分析对象。当跨越国界时，对本国之外的其他社会成员也产生影响的项目，应重点分析项目给本国社会成员带来的效益和费用。

二、直接效益与直接费用

1. 直接效益

项目直接效益是指由项目产出物产生的并在项目范围内计算的经济效益，一般表现为项目为社会生产提供的物质产品、科技文化成果和各种各样的服务所产生的效益。例如工业项目生产的产品、矿产品开采项目开采的矿产品、运输项目提供的运输服务、医院提供的医疗服务、学校提供的学生就学机会等。

项目的直接效益大多在财务评价中能够得到反映，尽管有时这些反映会有一定程度的失真。对于经济价值失真的直接效益在经济评价中应按影子价格重新计算。

2. 直接费用

直接费用是指项目使用投入物所产生并在项目范围内计算的经济费用，一般表现为投入项目的各种物料、人工、资金、技术以及自然资源而带来的社会资源的消耗。

直接费用一般在项目的财务评价中已得到反映，尽管有时这些反映会有一定程度的价值失真。对于价值失真的直接费用在经济分析中应按影子价格重新计算。

三、间接效益与间接费用

在经济评价中应关注项目的外部效果，习惯上把外部效果称为间接效益和间接费用。间接效益和间接费用就是由于项目的外部性所导致的项目对外部的影响，而项目本身并未因此获得实际收入或支付费用。

1. 间接效益

间接效益是指由项目引起而在直接效益中没有得到反映的效益。例如项目使用劳动力，使得劳动力熟练化，由没有特别技术的非熟练劳动力经训练而转变为熟练劳动力。再如技术扩散的效益，一个技术先进项目的实施，由于技术人员的流动，技术在社会上扩散和推广，整个社会都将受益。如城市轨道交通的建设，使得地铁沿线附近的房地产升值。间接效益一般在财务评价中不会得到反映。

2. 间接费用

间接费用是指由项目引起而在项目的直接费用中没有得到反映的费用。例如，工业项目产生的废水、废气、引起的环境污染，造成自然环境的损害和生态环境的破坏，需要社会治理的代价。项目产品大量出口从而引起该种产品出口价格下降等。间接费用一般在财务评价中没有得到反映。

项目的间接效益和间接费用在很多情况下难于定量计算，需要做出定性描述。

四、转移支付

项目的有些财务收入和支出，是社会经济内部之间的“转移支付”，即接受方所获得的效益和付出方所发生的费用相等。从社会经济角度看，并没有造成资源的实际增加或减少，不应计做项目的经济效益与费用。在经济评价中，项目的转移支付主要包括：项目（企业）向政府缴纳的税费、政府给予项目（企业）的各种补贴、项目向国内银行等金融机构支付的贷款利息和获得的存款利息。在财务评价基础上调整进行经济评价时，要注意从财务效益和费用中剔除转移支付部分。

第三节　影子价格的计算

一、影子价格的概念

影子价格是进行项目经济评价专用的价格。影子价格依据经济评价的定价原则测定，反映项目的投入物和产出物的真实经济价值，反映市场供求关系，反映资源的稀缺程度，反映资源合理配置的要求。进行项目的经济评价时，项目的主要投入物和产出物，原则上都应采用影子价格。

影子价格表示假定没有市场价格偏差时的货物和服务的价格，而市场价格则用于财务评价。理论上，影子价格比市场价格能更好地反映投资项目投入物和产出物的价值。

二、市场定价货物的影子价格计算

随着我国市场经济的发展和国际贸易的增长，大部分货物已经主要由市场定价。进行项目经济评价应采用市场价格作为市场定价货物的影子价格的基础。

（一）可外贸货物的影子价格

项目使用或生产可外贸货物，将直接或间接影响国家对这种货物的进口或出口。在实践中，为了简化工作，可以只对项目投入物中直接进口的和产出物中直接出口的，采取进出口测定影子价格。对于其他情况仍按国内市场价格定价，计算公式如下：

直接进口投入物的影子价格（到厂价）＝到岸价（CIF）×影子汇率＋进口费用

直接出口产出物的影子价格（出厂价）＝离岸价（FOB）×影子汇率－出口费用

其中，影子汇率是指外汇的影子价格，由国家指定的专门机构统一发布。

进口费用和出口费用是指货物进出口环节在国内所发生的所有相关费用，包括运输费用、储运、装卸、运输保险等各种费用支出及物流环节的各种损失、损耗等。

［例 6-1］ 某货物 A 进口到岸价为 100 美元/吨，某货物 B 出口离岸价也为 100 美元/吨，用影子价格估算的进口费用和出口费用分别为 50 元/吨和 40 元/吨，影子汇率 1 美元＝8.64 人民币元，试计算货物 A 和货物 B 的影子价格。

解：货物 A 的影子价格：100×8.64＋50＝914（元/吨）

货物 B 的影子价格：100×8.64－40＝824（元/吨）

（二）非外贸货物的影子价格

非外贸货物的影子价格包括以下几种情况。

(1) 价格完全取决于市场的，其国内市场价格作为确定影子价格的基础，并按下式换算为到厂价和出厂价：

投入物影子价格（到厂价）＝市场价格＋国内运杂费

产出物影子价格（出厂价）＝市场价格－国内运杂费

(2) 如果项目产出物或投入物数量大到影响了其市场价格，导致“有项目”和“无项目”两种情况价格不一致，可取两者的平均值作为确定影子价格的基础。

(3) 投入物和产出物的影子价格是否含增值税等流转税按以下原则处理。

① 对于项目产出物需求空间较大，项目的产出对市场价格影响不大的，应采用含税的市场价格；若项目产出物用以顶替原有市场供应的，即挤占其他生产厂商的市场份额的，采用不含税的市场价格。

② 对于投入物的生产能力较富裕或较容易扩容来满足项目的需要，可通过新增供应来满足项目需求的，采用不含税市场价格；若该投入物供应紧张，只能排挤原有用户来满足项目的需要时，采用含税的市场价格。

③ 在不能判别产出或投入是增加供给还是挤占（替代）原有供给的情况下，可简化处理为：产出物的影子价格一般采用含税的市场价格，投入物的影子价格一般采用不含税的市场价格。

［例 6-2］ 某种大型中外合资经营石化项目生产的产品中包括市场急需的聚丙烯产品，预测的目标市场价格为 9000 元/吨（含销项税），项目到目标市场运杂费为 100 元/吨，

在进行经济评价时，聚丙烯的影子价格应如何确定？

解：因产出物为市场急需，即市场需求空间较大，项目的产出对市场价格影响不大，应采用含税的市场价格为基础确定其影子价格。

该项目聚丙烯的出厂影子价格为：9000－100＝8900(元/吨)。

三、特殊投入物的影子价格

（一）劳动力的影子价格——影子工资

项目使用了劳动力，社会要为此付出代价，经济评价中用"影子工资"来表示这种代价。影子工资是指项目使用劳动力，社会为此付出的代价，即劳动力真实的经济价值，包括劳动力的机会成本和劳动力转移而引起的新增资源消耗，计算公式如下：

影子工资＝劳动力机会成本＋新增资源消耗

式中，劳动力机会成本——拟建项目占用的劳动力由于在本项目使用而不能再用于其他地方或享受闲暇时间而被迫放弃的价值。技术熟练程度高的、稀缺的劳动力，其机会成本高，反之机会成本低。

新增资源消耗——劳动力在本项目新就业或由原来的岗位转移到本项目而发生的经济资源消耗，包括迁移费、新增城市交通和城市基础设施配套等相关投资和费用。

（二）土地影子价格

土地是一种特殊投入物，在我国是一种稀缺资源。项目使用了土地，就造成了社会费用。

1. 非生产性用地的土地影子价格

项目占用住宅区、休闲区等非生产性用地，市场完善的，应根据市场交易价格作为土地影子价格。

2. 生产性用地的土地影子价格

生产性用地主要指农业、林业、牧业、渔业及其他生产性用地，按照这些生产用地的机会成本及因改变用途而发生的新增资源消耗进行计算，计算公式如下：

土地影子价格＝土地机会成本＋新增资源消耗

(1) 土地机会成本。土地机会成本按照项目占用土地而使社会成员由此损失的该土地"最佳可行替代用途"的净效益计算。在计算过程中应适当考虑净效益的递增速度以及净效益计算基年距项目开工年的年数。

土地机会成本的计算公式如下：

$$OC = NB_0(1+g)^{\gamma+1} \times \frac{[1-(1+g)^n(1+i_s)^{-n}]}{(i_s-g)}$$

式中，OC——土地机会成本；

n——项目计算期；

NB_0——基年土地的最佳可行替代用途的净效益(用影子价格计算)；

γ——净效益计算基年距项目开工年的年数；

g——土地的最佳可行替代用途的年平均净效益增长率；

i_s——社会折现率($i_s \neq g$)。

（2）新增资源消耗。新增资源消耗应按照在“有项目”情况下土地的占用造成原有地上附属物财产的损失及其他资源耗费来计算。土地平整等开发成本通常应计入工程建设投资中，在土地影子费用估算中不再重复计算。

（3）实际征地费用的分解。实际的项目评价中，土地的影子价格可以从财务分析中土地的征地费用出发，进行调整计算。一般可以将项目的实际征地费用划分为三部分，分别采用不同的方法调整：

① 属于机会成本性质的费用，如土地补偿费、青苗补偿费等，按照机会成本计算方法调整计算。

② 属于新增资源消耗的费用，如征地动迁费、安置补助费和地上附着物补偿费等，按影子价格计算。

③ 属于转移支付的费用主要是政府征收的税费，如耕地占用税、土地复耕费、新菜地开发建设基金等，应予以剔除。

[例 6-3]　某项目拟占用农业用地 2000 亩，该地现行用途为种植小麦。经调查，该地的各种可行的替代用途中最大净效益为 8000 元（采用影子价格计算的 2008 年每亩土地年净效益）。在项目计算期 20 年内，估计该最佳可行替代用途的年净效益按平均 2%的速度上升，项目预计 2009 年开始建设，社会折现率为 8%。试计算该土地的机会成本。

解：　$$OC=8000\times(1+2\%)^{1+1}\times\frac{[1-(1+2\%)^{20}(1+8\%)^{-20}]}{(8\%-2\%)}=94\ 495\text{（元）}$$

占用 2000 亩土地的机会成本为：94 495×2000=18 899（万元）

第四节　经济效益分析指标和报表

经济评价主要采用费用效益分析的方法进行盈利能力的评价。在经济费用效益分析中，当费用和效益流量识别和估算完成后，应编制经济费用效益分析报表，并根据报表计算评价指标，进行经济效益分析，判断项目的经济合理性。

一、经济费用效益分析指标

评价指标包括经济内部收益率、经济净现值和效益费用比。

（一）经济净现值（ENPV）

经济净现值是指用社会折现率将项目计算期内各年的经济净效益流量折算到项目建设期初的现值之和，是经济费用效益分析的主要指标。

经济净现值的计算公式为

$$\mathrm{ENPV}=\sum_{t=0}^{n}(B-C)_t(1+i_s)^{-t}$$

式中，B——经济效益流量；

C——经济费用流量；

$(B-C)_t$——第 t 年的经济净效益流量；

n——计算期，以年计；

i_s——社会折现率。

经济净现值是反映项目对社会经济净贡献的绝对量指标。项目的经济净现值等于或大于零表示社会经济为拟建项目付出代价后，可以得到符合或超过社会折现率所要求的以现值表示的盈余，说明项目的经济盈利性达到或超过了社会折现率的基本要求，认为从经济效率看，该项目可以被接受。经济净现值越大，表明项目所带来的以绝对数值表示的经济效益越大。

（二）经济内部收益率(EIRR)

经济内部收益率是指使项目在计算期内各年经济净效益流量的现值累计等于零时的折现率，是经济费用效益分析的辅助指标。经济内部收益率计算公式如下：

$$\sum_{t=0}^{n}(B-C)_t(1+\mathrm{EIRR})^{-t}=0$$

式中，EIRR——经济内部收益率；

其余符号同前。

经济内部收益率是从资源配置角度反映项目对社会经济贡献的相对量指标，表示项目占用的资金所能获得的动态收益率，反映资源配置的经济效率。项目的经济内部收益率等于或大于社会折现率时，表明项目对社会经济的净贡献达到或者超过了社会折现率的要求。

（三）经济效益费用比(R_{BC})

经济效益费用比是项目在计算期内效益流量的现值与费用流量的现值的比率，是经济评价的辅助评价指标。

经济效益费用比的表达式为

$$R_{BC}=\frac{\sum_{t=0}^{n}B_t(1+i_s)^{-t}}{\sum_{t=0}^{n}C_t(1+i_s)^{-t}}$$

式中，R_{BC}——效益费用比；

B_t——第 t 期的经济效益；

C_t——第 t 期的经济费用。

如果经济效益费用比大于 1，表明项目资源配置的经济效率达到了可以接受的水平。

二、经济费用效益分析报表

经济费用效益分析报表主要包括“项目投资经济费用效益流量表”和“国内投资经济费用效益流量表”

（一）项目投资经济费用效益流量表

项目投资经济费用效益流量表综合反映项目投资，不考虑项目的资金筹集方式，分析项目给社会经济带来的经济效益，即项目计算期内各年的按项目投资口径计算的各项经济效益与费用流量及净效益流量，并用来计算项目投资经济净现值和经济内部收益率指标。表格形式见表 6-1。

表 6-1 项目投资经济费用效益流量表 万元

序号	项目	计算期/年份				
		1	2	3	…	n
1	效益流量					
1.1	项目直接效益					
1.2	资产余值回收					
1.3	项目间接效益					
2	费用流量					
2.1	建设投资					
2.2	流动资金					
2.3	经营费用					
2.4	项目间接费用					
3	净效益流量(1－2)					
计算指标： 项目投资经济净现值($i_s=8\%$) 项目投资经济内部收益率						

（二）国内投资经济费用效益流量表

国内投资经济费用效益流量表要考虑项目投资资金的筹集方式，考虑从国外借款或以其他方式从国外获得资金时，项目投资对社会经济效率造成的影响，这种口径的盈利性分析是针对国内投资的。该表要综合反映国内投资即反映项目计算期内各年按国内投资口径计算的各项经济效益与费用流量及净效益流量。对于有国外资金的项目，应当编制该表，并计算国内投资经济净现值和经济内部收益率指标。表格形式见表 6-2。

表 6-2 国内投资经济费用效益流量表 万元

序号	项目	计算期/年份				
		1	2	3	…	n
1	效益流量					
1.1	项目直接效益					
1.2	资产余值回收					
1.3	项目间接效益					
2	费用流量					
2.1	建设投资中国内资金					
2.2	流动资金中国内资金					
2.3	经营费用					
2.4	流到国外的资金					

续表

序号	项目	计算期/年份				
		1	2	3	…	n
2.4.1	国外借款本金偿还					
2.4.2	国外借款利息偿还					
2.4.3	其他					
2.5	项目间接费用					
3	净效益流量(1－2)					
计算指标： 国内投资经济净现值(i_s=8%) 国内投资经济内部收益率						

（三）报表的编制方式

经济费用效益流量表一般在项目财务评价基础上进行调整编制，有些项目也可以直接编制。

在财务评价基础上调整编制经济费用效益流量表要注意以下几个问题：

(1) 识别转移支付的内容并加以剔除。将财务现金流量表中列出的销售税金及附加、所得税、各种补贴、国内借款利息作为转移支付剔除。

(2) 调整建设投资。由于经济评价效益与费用的估算不考虑通货膨胀因素，因此涨价预备费要从费用流量中剔除。建筑安装工程费按材料费、劳动力的影子价格进行调整，土地费用按土地影子价格调整，其他投入可根据情况决定是否调整。进口设备购置费用应按影子汇率换算并要剔除进口关税和进口环节增值税等转移支付。

(3) 调整流动资金。财务评价中流动资产和流动负债包括现金、应收账款和应付账款等，但这些并不实际消耗资源，应予以剔除。剩余的存货部分用影子价格重新分项估算。

(4) 调整经营费用。对一般投资项目，人工工资可不予调整，即取影子工资换算系数为1；对原材料、燃料及动力费用影子价格进行调整；除此之外的其余费用，通常可不予调整。

(5) 调整营业收入。项目的直接效益大多为营业收入。产出物需要用影子价格的，用影子价格计算营业收入。

(6) 识别项目的外部效果。根据项目的具体情况估算项目的间接效益和间接费用，纳入经济费用效益流量表中。

(7) 调整外汇价值。经济评价中各项营业收入和费用支出中的外汇部分，应用影子汇率进行调整。从国外引入的资金和向国外支付的投资收益、贷款本息，也用影子汇率进行调整。

(8) 在以上各项的基础上编制项目经济费用效益流量表。

[例6－4] 某大型投资项目，该项目主要原材料紧缺，生产有多种产品，大部分产品的市场价格可以反映其经济价值。其中一种主要产品，年产量为20万吨，产量大，但市场空间不够大。该项目市场销售收入总计估算为76 000万元(含销项税额)，适用的增值税率

为17%。当前该种主要产品的市场价格为2200元/吨(含销项税额)。据预测，项目投产后，将导致该主要产品市场价格下降20%，且可能挤占国内原有厂家的部分市场份额。由于该项目是大型资源加工利用项目，该种主要产品涉嫌垄断，要求进行经济费用效益分析，判定项目经济合理性。

解：(1) 先计算该种主要产品的影子价格。

该种主要产品属于产出物，投入市场后会挤占其他厂商的市场份额，按产出物影子价格的确定方法，应采用不含税的市场价格，且采用"有项目"和"无项目"价格的平均值确定影子价格。

$$[2200+2200\times(1-20\%)]\div2\div(1+17\%)=1692.3(\text{元/吨})$$

(2) 调整年营业收入。

$$76\ 000-20\times2200+20\times1692.3=65\ 846(\text{万元})$$

该项目的直接经济效益为65846万元。

(3) 调整建设投资。建设投资调整表见表6-3。

表6-3　项目建设投资调整表　　万元

序号	项目	财务数值	经济数值
1	建筑工程费	19 271	18 161
2	设备和工器具购置费	22 888	22 888
3	安装工程费	20 236	20 236
4	工程建设其他费用	23 019	23 019
	其中：土地费用	7320	7320
5	基本预备费	7687	7587
6	涨价预备费	6241	0
	建设投资	99 342	91 891

① 因建筑材料市场供应偏紧，建筑材料影子价格按市场价格确定(含增值税进项税额)，即不予调整其财务数值；对其中的非技术劳动力费用采用影子工资换算系数调整。

② 国内设备费影子价格也按市场价格(含增值税进项税额)，即不予调整其财务数值。

③ 安装工程费的调整方法同设备费。

④ 工程建设其他费用中，由于是按市场价格购买开发区的土地使用权，因此土地的经济数值等同于财务数值。

⑤ 基本预备费费率9%不变，按调整后的数值重新计算。

⑥ 剔除涨价预备费。

(4) 调整经营费用。经营费用调整表见表6-4。

表 6－4　项目经营费用调整表　　万元

序号	项目	财务数值	经济数值
1	外购原材料	35 581	35 332
2	外购燃料及动力	5968	5101
3	工资	2524	2524
4	修理费	3382	3382
5	其他费用	4913	4913
	经营费用合计	52 368	46 339

注：外购原材料和外购燃料及动力的财务数值中含进项税额。

该项目主要原材料紧缺，含税市场价格作为影子价格，其他原材料和燃料动力非紧缺，用不含税价格作为影子价格，经营费用中的其他科目不做调整。

（5）调整流动资金。流动资金调整表见表 6－5。

表 6－5　项目流动资金调整表　　万元

序号	项目	财务数值	经济数值
1	流动资产	15 347	6716
1.1	应收账款	7918	0
1.2	存货	6810	6716
1.3	现金	619	0
2	流动负债	4042	0
2.1	应付账款	4042	0
3	流动资金	11 305	6716

（6）在以上各项基础上编制项目经济费用效益流量表。项目经济费用效益流量表见表 6－6。

表 6－6　项目经济费用效益流量表　　万元

序号	项目	计算期/年份					
		1	2	3	4	5	6
1	效益流量	—	65 846	65 846	65 846	65 846	88 586
1.1	项目直接效益	—	65 846	65 846	65 846	65 846	65 846
1.2	回收固定资产余值	—	—	—	—	—	16 024
1.3	回收流动资金	—	—	—	—	—	6716
1.4	项目间接效益	—	—	—	—	—	—
2	费用流量	91 891	53 055	46 339	46 339	46 339	46 339
2.1	建设投资	91 891	—	—	—	—	—

续表

序号	项目	计算期/年份					
		1	2	3	4	5	6
2.2	流动资金	—	6716	—	—	—	—
2.3	经营费用	—	46 339	46 339	46 339	46 339	46 339
2.4	项目间接费用	—	—	—	—	—	—
3	净效益流量(1－2)	－91 891	12 791	19 507	19 507	19 507	42 247
计算指标： 项目投资经济净现值(i_s＝8％)：－4396 项目投资经济内部收益率：6.3％							

根据编制的项目投资经济费用效益流量表，计算出该项目的经济内部收益率为6.3％，经济净现值为－4396万元，不能满足8％的社会折现率的要求，从资源配置效率角度，该项目不具有经济合理性。

第五节　经济评价参数

经济参数是进行经济分析的重要工具。经济分析的参数主要包括：社会折现率、影子汇率、影子工资等，这些参数由专门机构组织测算和发布。

一、社会折现率

社会折现率是经济评价的重要通用参数，既用作经济内部收益率的判别基准，也用作计算经济净现值的折现率。社会折现率用来衡量资金时间价值的重要参数，代表社会投资所要求的最低动态收益率。

社会折现率根据社会经济发展多种因素综合测定，由专门机构统一测算发布。根据社会经济运行的实际情况、投资收益水平、资金供求状况以及国家宏观调控目标取向等因素的综合分析，我国目前的社会折现率测定为8％。

对于永久性工程或者受益期超长的项目，例如水利工程等大型基础设施和具有长远环境保护效益的建设项目，社会折现率可适当降低，但不应低于6％。

社会折现率作为一个基本经济参数，是国家评价和调控投资活动的重要杠杆之一。社会折现率可用于间接调控投资规模。其取值的高低直接影响项目经济合理性判断的结果。社会折现率提高，会使一些本来可以通过的投资项目因达不到判别标准而被舍弃，从而使可以通过的项目总数减少，使投资总规模下降，间接地起到调控国家投资规模的作用。因此，社会折现率可以作为国家建设投资总规模的间接调控参数，需要缩小投资规模时，就提高社会折现率；需要扩大投资规模时，可降低社会折现率。

二、影子汇率及影子汇率换算系数

影子汇率是指能正确反映外汇真实价值的汇率，即外汇的影子价格。在经济评价中，影子汇率通过影子汇率换算系数计算，计算公式如下：

影子汇率=影子汇率换算系数×国家外汇牌价

影子汇率换算系数由国家统一测定和发布。目前我国的影子汇率换算系数取值为1.08。

影子汇率的取值对于项目决策也有着重要的影响。影子汇率换算系数越高，外汇的影子价格越高，出口产品的项目效益较高，评价结论会有利于出口方案；另一方面，项目引进进口产品的方案费用较高，评价结论会不利于进口方案。

三、影子工资及其换算系数

影子工资，即项目使用劳动力的费用。影子工资一般是通过影子工资换算系数计算，计算公式如下：

影子工资=影子工资换算系数×劳动力的工资或薪酬(项目财务评价中)

根据目前我国劳动力市场状况，技术性工种劳动力的影子工资换算系数取值为1，即影子工资可等同于财务评价中使用的工资；非技术性工种劳动力的影子工资换算系数取值在0.25～0.8，非熟练劳动力影子工资换算系数可选0.5。

复习思考题

1. 什么是经济评价？经济评价主要包含哪些步骤？
2. 哪些项目需要进行经济评价？
3. 经济评价和财务评价之间存在着什么样的关系？
4. 如何识别经济效益和经济费用？
5. 什么是转移支付？它包括哪些主要项目？在经济评价中对转移支付应如何处理？
6. 什么是影子价格？在经济评价中为什么要使用影子价格？
7. 如何计算特殊投入物劳动力和土地的影子价格？
8. 经济评价需要编制哪些基本报表？在财务评价基础上调整编制这些报表时要注意哪些问题？
9. 经济费用效益分析指标有哪些？如何计算这些指标？
10. 社会折现率的含义是什么？目前我国的社会折现率测定值是多少？如何通过社会折现率来间接调控投资规模？
11. 什么是影子汇率？如何计算影子汇率？目前我国的影子汇率测定值是多少？如何通过影子汇率换算系数来调整进出口贸易？
12. 如何计算影子工资？目前我国的影子工资测定值是多少？

第七章　建设项目节能及环境影响评价

学习目标和要求

1. 熟悉节能评价的目的、范围和依据；
2. 掌握节能评价的分析内容和评价指标；
3. 了解工业项目的节能评价内容，掌握民用建筑项目节能评价的内容；
4. 掌握项目节能审查的办法及节能报告的内容；
5. 了解环境影响评价的目的和原则；
6. 掌握环境影响评价的分类管理政策；
7. 熟悉环境影响评价报告书、环境影响报告表、环境影响登记表的内容；
8. 掌握规划环境影响评价的适用范围和责任主体；
9. 熟悉规划环境影响评价的技术依据和内容；
10. 熟悉规划环境影响评价的审查制度。

绿色是永续发展的必要条件。必须坚持节约资源和保护环境的基本国策，坚持可持续发展，加快建设资源节约型、环境友好型社会，推进美丽中国建设。按照国家规定，建设项目投资要进行节能评价和环境影响评价。建设项目节能评价和环境影响评价是由节能评估机构、环境影响评价机构具体执行的，是与项目可行性研究工作并行的重要工作。

第一节　节能评价

一、节能评价的目的、范围和依据

按照国家有关规定，企业投资建设项目的项目申请报告必须包括节能分析篇章，咨询评估单位的评估报告必须包括对节能分析篇章的评估意见。

（一）节能评价的目的

节约资源是我国的基本国策，国家实施节约与开发并重，把节约放在首位的能源发展战略。在固定资产投资领域加强节能工作是深入贯彻科学发展观、落实节约资源基本国策、建设节约型社会的一项重要措施。

在项目决策分析与评价中加强节能评价工作，在项目规划、设计、施工以及运行等各阶段全面推进节能，以尽可能少的能源消耗来满足经济社会的发展需要，有利于实现可持续发展。

（二）投资项目节能评价的原则

1. 发展循环经济的原则

在节能评价工作中必须从可持续的角度，统筹考虑投资项目建设中资源、能源的节约与综合利用以及生态环境承载力等因素，按照促进循环经济发展的原则开展节能评价。

2. 遵守国家规定并与国内外先进水平进行对比的原则

节能评价要遵守国家及行业的法律、标准、规范和规定。同时，为进一步提高投资项目节能水平和效果，如果有条件，还要与同类项目的国内外先进水平进行对比分析，找出差距和潜力，有针对性地提出相关改进方案及节能措施等。

3. 项目全过程、全方位节能的原则

为实现建设项目的全面系统节能，节能评价应涵盖建设期、运营期的项目周期全过程，并对项目涉及的能源生产、加工、转换、输送、储存、使用等各个环节进行全方位的评价。

4. 宏观与微观相结合、定性与定量相结合的原则

在项目节能评价中，采用宏观与微观相结合、定性与定量相结合的评价原则，既有战略性、方向性的宏观展望，又有具体的能耗指标分析等的测算；既有定性分析，又要尽可能开展定量分析。

（三）节能评价的依据

1. 国家法律法规、标准及相关规定

开展项目节能评价工作，首要的依据是国家法律法规、标准及相关规定，如《中华人民共和国节约能源法》《节能中长期专项规划》《固定资产投资项目节能审查办法》《民用建筑节能条例》等。

2. 行业法律法规、标准、规范及相关规定

项目节能评价工作还要依据行业法律法规、标准、规范及相关规定，如钢铁产业发展政策、《工业建筑节能设计统一标准(GB51245－2017)》《水泥工厂节能设计规范(GB50443－2016)》，铁路实施《节约能源法》细则等。

3. 地方法律法规及相关规定

项目节能评价工作还要满足项目所在地方的法律法规及相关规定的要求。

二、节能评价的分析内容和评价指标

（一）节能评价的分析内容

节能评价的分析内容主要包括项目节能方案及措施分析评价、项目能耗水平分析评价、项目节能效果分析评价、项目节能优化建议等。

1. 项目节能方案及措施分析评价

项目节能方案是指项目建设方案中采用的工艺技术、设备、材料等在建设期和运营期内合理利用能源、提高能源利用率的方案。在满足工艺要求和不降低环境质量、生活质量的前提下，分析项目的工艺技术流程是否合理，分析评价项目是否采取了技术上先进可行、经济上合理以及环境和社会上可以承受的节能方案及措施，从项目的能源生产、能源转化以及能源消费的各个环节，从建设到运营的项目周期全过程，降低能耗、减少损失、杜绝浪费、提高能源利用效率，实现有效、合理地利用能源。分析项目是否利用了国家鼓励的新能源和可再生能源。此外，还应对项目周期全过程的节能管理措施进行分析评价。

2. 项目能耗水平分析评价

项目能耗水平的分析评价是指对项目能源利用的合理性及能耗计算的依据、方法和过程的合理性进行分析评价，在此基础上分析评价项目的能耗水平和指标是否符合国家和行业有关规范、规定要求，若有条件还要与同类项目的国内外先进水平进行对比分析，提出项目能耗水平的评价意见。对于有强制性节能标准要求的项目（例如，有限制性要求的大型用能设备和工艺的项目，以及有明确能效标准要求的项目等），应严格按照强制性标准执行，对不符合强制性节能标准要求的项目，要明确提出项目不能建设的意见。

3. 项目节能效果分析评价

采用定性与定量相结合的方式，对项目节能效果进行分析评价。除定性分析外，尽量采用对比方法进行量化分析，如建设前后对比、与标准规范要求指标对比、不同建设方案对比、与国内外先进水平对比等，通过对比分析得出项目节能效果的定量指标，如项目年节能××t煤（××GJ、××kM·h）等，单位能耗指标降低××%等。

4. 项目节能优化建议

项目节能优化建议是指针对投资项目在节能方面存在的问题和不足之处提出改进优化的意见和建议。

（二）节能评价指标

原则上，可用单位产值能耗指标来评价投资项目的能耗和节能效果。由于各行业的能源消耗和节能具有不同的特点，相应的规定也不一致，单位产值能耗指标也难以涵盖所有的投资项目。因此，除单位产值能耗指标外，还需要分类（工业、交通运输业、建筑等）建立相应的节能指标体系。

1. 工业项目节能评价指标

（1）单位产品能耗指标。对于工业项目，通用的节能评价指标是单位产品能耗，这个指标在同行业、同类项目中具有可比性，是工业项目能耗指标是否先进、节能效果是否显著的重要评价指标。

测算单位产品能耗指标应注意口径一致、横向可比，对不可比因素要注意甄别剔除或补充说明，以保证指标的一致性、可比性。除特殊情况外，单位产品能耗指标的单位为t、kg、g标准煤（或GJ、kW·h等）/单位产品。

（2）其他能耗指标。对于无法或难以测算单位产品能耗指标的项目，主要有产品不是最终产品的项目，属生产过程中间环节的项目，辅助工序及辅助设施类项目，资源综合利用类项目，工业环境治理项目等，可以采用行业通用或认可的、具有一定可比性的其他能耗指标来代替单位产品能耗指标，如工序能耗指标（转炉炼钢工序能耗等），主要耗能指标（冶炼电耗、焦比等）等，比较的参照系一般是行业标准、规范、规定，以及同类项目的国内外先进水平。

(3) 节能效果指标。如有可能，尽量对工业项目节能效果进行量化分析，分析测算项目年总能耗，并通过对比得出项目年节能的量化数据，例如，与项目建设前对比年节能××× t(kg)标准煤、×××kW·h电能等，与代替落后工艺相比节能××%等。可选择的对比方式包括:与国家、行业标准规范的指标数值对比，项目建设前后对比，不同建设方案对比，与国内外先进水平对比等。

2. 建筑节能评价指标

建筑节能评价指标是指分别对建筑节能设计前后计算单位面积消耗量，将前后计算结果相减得出可节省的单位面积消耗量，即

能源种类的数量×折算系数/建筑面积=单位面积消耗量;

建筑节能设计前-建筑节能设计后=可节省的单位面积消耗量。

公共建筑节能评价指标折算如表7-1所示。

表7-1 公共建筑节能评价指标折算表

序号	能源种类	计量单位	数量	折算系数	折标煤/kg	单位面积消耗量/kg/m^2
1	电力	10^4 kW·h/a		0.1229		
2	天然气	10^4 m^3/a		12.143		
3	热力	10^6 kJ/a		0.0341		
4	原煤	t/a		0.7143		
	合计					

三、工业项目的节能评价

工业项目的节能评价要求及方法适用于交通运输、农林水、社会事业以外的工业投资项目。工业系统是全社会最大的用能产业，同时，也生产各种能源供全社会使用。工业系统用能量大、面广，节能潜力较大，对全社会的节能减排具有重要意义。此外，工业系统固定资产投资占全社会固定资产投资的比重也比较大。因此，做好工业投资项目节能评价工作，有利于实现工业系统乃至全社会的节能减排目标，意义重大，效果显著。

(一) 工业项目节能方案及措施分析评价

(1) 项目是否符合产业结构调整方向，是否符合国家产业政策及有关规定中对节能的要求，主要耗能行业项目是否符合节能技术政策规定。

项目应符合国家产业调整方向和产业政策。国家鼓励发展低能耗、低污染的先进生产能力，控制高耗能、高污染行业过快增长。对落后的耗能过高的用能产品、设备和生产工艺实行淘汰制度。因此，投资项目节能评价应根据国家产业政策以及产业结构调整目录等有关规定，分析判断项目是否属于国家明令淘汰或不符合强制性能源效率标准的用能产品、设备和生产工艺，对属于国家明令淘汰范围的项目，要明确提出不能建设的评估意见。

主要耗能行业(电力、钢铁、有色金属、建材、石油化工、化工、煤炭等)项目要符合节能技术政策规定。工业产业节能技术规范主要包括六个主要方面，能源资源优化开发利用

和配置技术，重点生产工艺节能技术，生产过程余热、余压、余能利用技术，高效节能设备，节能新技术，节能新材料。

（2）项目能源开发和使用结构是否合理、优化，能源转换是否必要以及高效合理，是否采用了国家鼓励支持利用的新能源和可再生能源（风能、太阳能、地热能、水电、沼气、生物质能等）。

（3）项目是否采用节能技术，特别是采用先进节能的工艺技术装备和材料。工业投资项目采用节能技术是指提高能源开发利用效率和效益，遏制能源资源浪费的技术，包括能源资源优化开发利用应用技术，单项节能改造技术与节能技术的系统集成，节能型的生产工艺和用能设备，可直接或间接减少能源消耗的新材料开发应用技术，以及节约能源、提高用能效率的管理技术等。

评价项目工艺流程是否优化，是否采用现代化、大型化、连续化、自动化的先进节能工艺装备淘汰落后工艺装备，是否采用了高效节能的设备（电动机、锅炉、窑炉、风机、泵类、照明器具等），是否采用了先进的用能监测和控制技术。项目禁止使用国家明令淘汰的用能设备和生产工艺等。

（4）评价项目是否应用循环经济理念实现资源能源的减量化和循环利用，是否采用了热电联产、余热余压利用、洁净煤、可燃气体回收利用等先进适用的节能技术和措施，余能回收利用是否充分等。

（二）工业投资项目能耗水平分析评价

1. 分析评价项目的能耗水平和指标是否符合有关标准规范的要求

分析评价项目是否符合国家产业政策、主要耗能行业节能技术政策等有关规定。

分析评价强制性的用能产品、设备是否符合国家规定的相关能源效率标准。分析生产过程中高耗能产品（如电解铝、铁合金、黄磷、水泥、烧碱、锌、电石等）项目的单位产品能耗是否符合国家和行业规定的单位能耗限额标准。对不符合标准的项目要明确提出不能建设的评估意见。

2. 项目能耗水平与国内外先进水平对比

若有条件，尽可能地将项目能耗水平与同类项目的国内外先进水平进行对比，如比较单位产品能耗指标、主要能耗指标等。通过比较，可以直观地反映出项目的能耗水平是否先进，是否还有进一步节能的潜力和改进的余地。

（三）工业投资项目节能效果分析评价

尽量采用对比方法对工业项目节能效果进行量化分析。例如，与国家、行业标准规范要求进行对比，项目建设前后对比，与国内外先进水平对比等。通过对比分析得出节能效果评价结论，与××相比，项目年节能××吨标准煤（或其他能源计量单位），或单位能耗降低××%，节能效果显著（较好、一般、不佳，等等）。

（四）工业投资项目节能优化建议

针对工业项目在能耗和节能方面存在的问题和不足之处，例如，用能结构不尽合理或不够优化，工艺技术不先进、不合理以及布局不合理导致多耗能，设备不够先进导致能耗高，没有采用高效节能设备和材料，余能回收利用不充分等，提出对项目节能的优化建议。

四、民用建筑项目节能评价

（一）总体分析评价

1. 政策及规定的符合性分析

评价民用建筑投资项目首先是要满足国家和建设行政主管部门的政策、规定、标准的要求；其次是要遵守地方政府节能法规、标准，并采用相应的规定、标准；再次是要根据行业要求、专业知识和国内外新的科技成果判断节能措施是否正确、全面、有效。

2. 建筑物与室内设备先进性分析

应按单体建筑分类清单，评价主要建筑类设备（包括采暖用锅炉、热交换器、空调类设备、通风机（排烟风机）、变配电设备、照明灯具、水处理设备、各类水泵、电梯等）是否先进。清单应包括规格、型号、安装功率、数量。

3. 建筑材料及淘汰落后产品的分析

应按单体建筑评价主要建筑材料（包括围护结构、门窗、管材、五金、其他材料）是否采用了淘汰落后产品。

4. 可再生能源利用分析

评价投资项目是否利用了太阳能等可再生能源，从而减少了不可再生能源的使用，估算可再生能源利用比例达到总能耗的百分比。

（二）能耗水平分析评价

1. 建筑物（群）的墙体、楼面、屋面及门窗等围护系统能耗水平分析评价

对于公共建筑的投资项目，能耗水平分析评价指标如下：

（1）建筑总平面布置应满足冬季日照要求，并有利于夏季通风。

（2）建筑体形系数应符合国家和地方节能设计标准的规定。当建筑的体形系数不能满足规定时，必须按照相应标准进行围护结构热工性能的权衡判断。

（3）建筑物围护结构的传热系数和遮阳系数应不大于国家和地方节能设计标准的规定。

（4）建筑物各个朝向的窗墙比应不大于国家和地方节能设计标准的规定。投资项目应说明建筑各个朝向的窗墙比，同时列出国家和地方节能设计标准规定的窗墙比要求。

（5）建筑物屋顶透明部分的面积占屋顶总面积的比例应不大于国家和地方节能设计标准的规定。

（6）建筑的自然通风设计应满足国家和地方节能设计标准的要求。如有中庭应说明中庭的通风降温措施。

对于住宅建筑的投资项目，能耗水平分析评价指标如下：

（1）住宅建筑总平面布置应有利于人们冬季获取阳光。

（2）建筑体形系数应符合国家和地方节能设计标准的规定。当不能满足规定时，必须进行围护结构热工性能的综合判断。

（3）住宅建筑的外门窗、阳台透光及遮阳等部分不宜过大，以节省能源。

（4）住宅建筑应有利于夏季自然通风。投资项目应说明卧室、起居室（厅）、卫生间、厨房等房间的通风口有效面积与该房间地面面积比。

(5) 住宅建筑应说明是否设置外遮阳，以及外遮阳的位置、形式。

(6) 外窗(包括阳台门)和透明幕墙的气密性应满足国家和地方节能设计标准的要求；还应说明外窗(包括阳台门)和透明幕墙的气密性能达到几级标准。

(7) 住宅建筑的围护结构如拟采用其他节能措施，应在申报文件中说明，如通风屋面、浅色屋面、屋顶绿化、绿化墙面等。

2. 暖通空调、电梯、照明、泵房等电器、设备系统能耗水平分析评价

对于公共建筑的投资项目，能耗水平分析评价指标如下：

(1) 投资项目应说明主要功能房间的环境要求，并满足国家节能设计标准。建议一般公共建筑内设定的温湿度：夏季温度为26～28℃，湿度小于65%；冬季温度为16～20℃，湿度大于35%。

(2) 公共建筑的投资项目应明确主要功能房间的新风设计标准。新风量标准的确定既要满足室内人体的卫生需要，保持室内空气的新鲜和品质，也要避免无依据的加大新风量标准，造成新风能耗的增加。

(3) 公共建筑的投资项目应明确暖通空调系统所使用的冷热源形式和总耗量。冷热源形式的确定应根据建筑物暖通空调系统的规模、用途、冷热负荷、所在地区的气象条件、能源结构、政策、环境保护要求等情况，经过综合论证和技术、经济比较分析确定。

(4) 在电力供应紧张和具有分时电价政策的城市和地区，公共建筑投资项目经过经济技术分析比较认为合理时，应根据建筑物的具体情况和空调负荷的时间分布，有条件的可采用水蓄冷或冰蓄冷空调冷源。

(5) 公共建筑应说明冬季供暖或夏季制冷的主要系统形式。对于严寒地区的公共建筑，宜设置采暖系统，不宜采用空调调节系统；对于寒冷地区，应根据建筑物等级、采暖期天数、能源消耗量和运行费用等因素，经技术经济比较后确定采暖方式，一般宜设置集中热水供暖系统。

(6) 公共建筑的投资项目还应说明暖通空调系统所采用的分室或分区环境温湿度调节、控制措施，以提高采暖质量和空调质量，为暖通空调系统的节能运行提供前提条件，并保证人们的安全性和舒适性要求。

(7) 公共建筑的投资项目应说明所采用锅炉、制冷机等冷热源设备的性能指标和效率等主要技术参数。设置集中供暖、集中空调系统的公共建筑，应合理确定供暖系统和空调水系统的服务半径，尽可能地减少空调冷热水的输送能耗。同时，还应说明采暖供热系统热水循环水泵的耗电输热比和空调冷热水系统循环水泵的输送能效比，并使之满足国家和地方节能标准的要求。

(8) 对于公共建筑内的高大空间，由于室内温度梯度的关系等，宜采用置换通风、分层空调等系统方式。

(9) 公共建筑的投资项目应说明是否采用了热回收系统。要结合当地的实际情况，明确在技术条件许可时优先考虑此方案。

(10) 公共建筑的投资项目所在当地市政提供的电力资源供应非常充足，且市政电力能源有可再生能源组成成分时，应优先选择市政提供的电力资源。其中配电系统应对配电网进行无功补偿，通常采取集中、分散或就地相结合的方式设置电容器。设置就地电容器补偿以提高设备的运行功率因数，以减低线路的运行电流；三项电容自动补偿适用于三相负载平衡的供配电系统，对于三相不平衡及单相配电系统要采用分相电容自动补偿或自动分相无功补偿；电容器自动投切的方式可按母线电压的高低、无功功率的方向、功率因数大小、负载电流的大小、昼夜时间进行划分，具体选择要根据负荷用电特征来确定。

(11) 大中型电器设备应选择节电型产品，减少开启次数。电器照明等设备也应选择节电效果良好的产品，灯具数量和负荷参数应满足国家《建筑照明设计标准》的要求；同时，配合建筑内装修可采用浅色调，增加二次反射光线，通过这些手段保证获得足够的室内光线，并达到一定的均匀度，节省能耗。

(12) 应根据公共建筑的性质、楼层、服务对象和功能要求，进行电梯客流分析，复核电梯、扶梯、自动人行道的运送能力，优化设备型号、台数、配置方案、运行速度、信号控制和管理方案，提高运行效率。

对于住宅建筑的投资项目，能耗水平分析评价指标如下：

(1) 住宅建筑应合理选定变配电中心，设置在负荷集中处。住宅用电指标可根据不同户型平均每户按3～8 kW估算；当户数不确定时可按建筑面积每平方米15～50 W估算。

(2) 住宅建筑应说明冬季供暖或夏季空调和主要系统形式。一般住宅建筑建议室内设定的温湿度：夏季为26℃左右，湿度小于60%；冬季为16℃以上，湿度大于35%。住宅室内温湿度环境标准的确定还应满足国家和地方节能标准的要求。

(3) 住宅建筑应具备采用自然通风的条件，在室外空气参数适宜的情况下，应优先采用通风的方式消除建筑的余热、余湿，减少空调系统的运行。

(4) 住宅投资项目要正确选择节能的供暖锅炉、电梯等大中型设备及电气照明等小型设备，提高额定效率，减少各种热损失；不得采用电锅炉作为集中空调和集中采暖的热源。

(5) 住宅投资项目采用集中供暖、空调系统的住宅，应按照分户计量的系统设计，并设置室温调节的设施。散热器设温控阀，空调末端设温度控制面板。

3. 太阳能、地热等可再生能源利用系统能耗水平分析评价

对于利用太阳能技术的建筑，特别是住宅建筑(群)可用于室内的洗浴、餐饮洗涤用水等，应尽可能利用太阳能系统。

如使用地源热泵、热源井方案等，需要有初勘资料、设计方案及技术经济分析，以保障方案可行、安全。

4. 项目能耗水平或与国内外先进水平差距评价

对于公共建筑、住宅建筑的投资项目，应根据项目的规模大小和重要程度分析评价项目在国内所处的能耗水平或在国际上所处的能耗水平，以确定投资项目的先进性程度或差距，提出节能的最终目标或分阶段建设目标。

(三) 节能效果分析评价

按照节能方案和能耗计算，把项目的各项能耗(电力、天然气、热力、煤、油等)折算成标煤和单位建筑面积标煤耗量，同时对项目的用能管理、用能系统运营所采取的节能措施进行描述。对项目的节能方案和措施应做出合格或不合格的结论性意见。

（四）节能优化建议

1. 建筑物围护结构

（1）选用适宜的外保温体系或夹芯保温体系，确保达到外墙和屋面传热系数。

（2）采用措施加强屋面保温隔热性能。

（3）采取措施阻止热桥，避免结露。

（4）采用措施减少外窗热工损耗。

（5）采用遮阳措施。

（6）采取措施加强自然采光通风。

（7）有条件的咨询（设计）单位，采用计算机模拟技术辅助建筑节能设计。

2. 电气、设备系统

（1）在条件许可的情况下，暖通空调系统的能源宜优先选用可再生能源（直接或间接），如风能、太阳能等。临近河流、湖泊的建筑，可考虑采用水源热泵（地表水）作为建筑的几种冷源。当公共建筑内区较大时，冬季内区有稳定和足够的多余热量时，宜采用水环热泵空调系统。通过定性计算或计算机模拟的手段来优化冷、热源的容量、数量配置，并确定冷、热源的运行模式。

（2）推荐运用模拟软件对建筑室内风环境进行模拟以获得理想的自然通风效果。在自然通风的基础上，采取适当的改进措施，如合理布置自然进风口（排风口）位置，自然进风的进风口设过滤措施，自然进风的进、出风口设调节及关断措施，以提高自然通风可控性能及效果。

（3）公共建筑的内区过热，在室外温度适宜时，应优先利用室外空气进行通风消除。

（4）酒店、餐饮、医院等生活热水耗量较大的场所，在经济技术合理时，宜采用风冷冷凝器热回收型冷水机组，或其他节能方式。燃气锅炉宜充分利用烟气的余热，采用余热回收装置或冷凝式炉型，并宜选用配置比例调节燃烧机的炉型。

（5）全年需要供冷和供热的变质冷剂流量多联分体空调系统应采用热泵式机组。在建筑中同时有供冷和供热要求的，当其冷、热需求基本匹配时，宜并为同一系统并采用热回收型机组。

（6）公共建筑投资项目应根据建筑物的性质、楼层、服务对象和功能要求进行电梯客流分析，合理确定电梯的型号、台数、配置方案、运行速度、信号控制和管理方案，以提高运行效率。

（7）应选用高效照明光源、高效灯具及其节能附件，在符合标准的前提下，尽可能降低能耗。

3. 可再生能源利用系统

（1）建筑物（群）应尽可能使用太阳能。

（2）有条件的单位可以利用太阳能实现天然可调节采光，以节省背阴用房的电器照明等。

（3）建筑物（群）在有技术保证的前提下可使用地下水地源热泵热源井方案，用于调节室内温湿度等。重点是必须采用可靠的措施，防止回灌水的污染。

（4）冰蓄冷系统对于峰谷电价差别大的地区有应用价值，建议根据实际情况选择使用。

(5) 太阳能光伏电源系统可用于公共建筑内的指示照明、调节温度等，室外的景观照明、交通指示等多种场合。

(6) 在有条件的地方可以使用风力发电系统、海水源热泵系统等可再生能源利用系统，达到公共建筑室内外功能区内的有效节电、节能的目的。

五、项目节能审查

为加强投资项目节能管理，促进科学合理利用能源，从源头上杜绝能源浪费，提高能源利用效率，国家发展改革委2016年44号令发布了《固定资产投资项目节能审查办法》(2017年1月1日起施行)。根据审查办法，固定资产投资项目节能审查意见是项目开工建设、竣工验收和运营管理的重要依据。对于政府投资项目，建设单位在报送项目可行性研究报告前，需取得节能审查机关出具的节能审查意见。对于企业投资项目，建设单位需在开工建设前取得节能审查机关出具的节能审查意见。未按本办法规定进行节能审查，或节能审查未通过的项目，建设单位不得开工建设，已经建成的不得投入生产、使用。

1. 项目节能审查的分类管理

国家发展改革委核报国务院审批以及国家发展改革委审批的政府投资项目，建设单位在报送项目可行性研究报告前，需取得省级节能审查机关出具的节能审查意见。对于国家发展改革委核报国务院核准以及国家发展改革委核准的企业投资项目，建设单位需在开工建设前取得省级节能审查机关出具的节能审查意见。

(1) 年综合能源消费量5000吨标准煤以上(改扩建项目按照建成投产后年综合能源消费增量计算，电力折算系数按当量值)的固定资产投资项目，其节能审查由省级节能审查机关负责。其他固定资产投资项目，其节能审查管理权限由省级节能审查机关依据实际情况自行决定。

(2) 年综合能源消费量不满1000吨标准煤，且年电力消费量不满500万千瓦时的固定资产投资项目，以及用能工艺简单、节能潜力小的行业(具体行业目录由国家发展改革委制定并公布)的固定资产投资项目应按照相关节能标准、规范建设，不再单独进行节能审查。

2. 项目节能报告的内容

建设单位应编制固定资产投资项目节能报告。项目节能报告应包括：分析评价依据；项目建设方案的节能分析和比选，包括总平面布置、生产工艺、用能工艺、用能设备和能源计量器具等方面；选取节能效果好、技术经济可行的节能技术和管理措施；项目能源消费量、能源消费结构、能源效率等方面的分析；对所在地完成能源消耗总量和强度目标、煤炭消费减量替代目标的影响等方面的分析评价。

3. 项目节能报告的评审

(1) 评审内容。节能审查机关受理节能报告后，应委托有关机构进行评审，形成评审意见，作为节能审查的重要依据。节能审查应依据项目是否符合节能有关法律法规、标准规范、政策；项目用能分析是否客观准确，方法是否科学，结论是否准确；节能措施是否合理可行；项目的能源消费量和能效水平是否满足本地区能源消耗总量和强度“双控”管理要求等对项目节能报告进行审查。

(2) 评审时限。节能审查机关应在法律规定的时限内出具节能审查意见。节能审查自印发之日起2年内有效。通过节能审查的固定资产投资项目，建设内容、能效水平等发生重大变动的，建设单位应向节能审查机关提出变更申请。

(3) 评审结果跟踪。固定资产投资项目投入生产、使用前，应对其节能审查意见落实情况进行验收。

对未按审查办法规定进行节能审查，或节能审查未获通过，擅自开工建设或擅自投入生产、使用的固定资产投资项目，由节能审查机关责令停止建设或停止生产、使用，限期改造；不能改造或逾期不改造的生产性项目，由节能审查机关报请本级人民政府按照国务院规定的权限责令关闭，并依法追究有关责任人的责任。以拆分项目、提供虚假材料等不正当手段通过节能审查的固定资产投资项目，由节能审查机关撤销项目的节能审查意见。未落实节能审查意见的固定资产投资项目，节能审查机关责令建设单位限期整改。不能改正或逾期不改正的，节能审查机关按照法律法规的有关规定进行处罚。负责审批政府投资项目的工作人员，对未进行节能审查或节能审查未获通过的项目，违反本办法规定予以批准的，依法给予处分。

节能审查机关对建设单位、中介机构等的违法违规信息进行记录，将违法违规信息纳入全国信用信息共享平台和投资项目审批监管平台，在"信用中国"网站向社会公开。

第二节 环境影响评价

一、环境影响评价的目的及原则

（一）环境影响评价的目的

环境影响评价的目的是通过评价查清项目拟在地区的环境质量现状，针对项目的工程特性和污染特征，预测项目建成后对当地环境可能造成的不良影响及其范围和程度，从而制定避免污染、减少污染和防止破坏的对策，为项目选址、合理布局、最终设计提供科学依据。它可以为工程项目的实施带来多方面的益处。

(1) 在项目的规划中，对工程的环境影响后果以及环境对工程项目的制约因素给予全面的考虑。根据《规划环境影响评价条例》，规划编制机关应当在规划编制过程中对规划进行环境影响评价。规划审批机关在审批规划草案时，应当将环境影响报告书结论及审查意见作为决策的重要依据。

(2) 改善工程项目决策的效果。工程项目环境影响评价的结果和工程设计方案之间始终存在相互反馈，环境影响评价可用在检验被选项目设计方案的早期阶段，有助于选择效益最大、有害影响最小的设计方案。因此，工程项目的环境影响评价不仅可用来考察和避免有害影响，还可增加效益。

(3) 减少工程费用和工程设计时间。如果在工程设计的早期发现潜在的环境问题，就可以在其设计阶段进行修正，减少在工程的建设和实施阶段用在环保方面的费用和时间。

(4) 在某一工程项目有多个地址和考虑多种替代方案的情况下，环境影响评价提供了进行决策的基础之一。它有助于确定哪些地区对不利因素最敏感，从而指导选定收益最大而有害影响最小的合适地址。

（二）环境影响评价的原则

1. 政策性

环境影响评价必须根据评价结果，结合国家和地方颁布的有关政策、标准、规范以及规划，提出切合实际的环境保护措施与对策，使其达到必须执行的规定标准。

(1) 对于项目的选址要根据产业政策，并结合总体规划去评价其布局的合理性。

(2) 对于项目用地要结合国家的土地政策和生态环境条件去评价其节约用地的必要性。

(3) 对于所选工艺和污染物排放状况要结合能源和资源利用政策去评价其技术经济指标的先进性。

(4) 对于环境保护措施和装备水平要结合现行技术政策去评价其效果。

(5) 对于环境质量要结合环境功能规划和质量指标去评价其保证性。

2. 科学性

环境影响评价是由多学科组成的综合技术，其工作内容主要是针对开发建设项目预测其未来的影响。由于这项工作在时间上具有超前性，所以开展这项工作时，从现状调查、评价因子筛选到专题设置、监测布点、测试、取样、分析、数据处理、模式预测以及评价结论都应严守科学态度，认真完成各项任务。

二、环境影响评价的分类管理

国家根据建设项目对环境的影响程度，按照《建设项目环境保护管理条例》(2017 年 7 月 16 日修订版)的规定对建设项目的环境影响评价实行分类管理。

(1) 建设项目对环境可能造成重大影响的，应当编制环境影响报告书，对建设项目产生的污染和对环境的影响进行全面、详细的评价。

(2) 建设项目对环境可能造成轻度影响的，应当编制环境影响报告表，对建设项目产生的污染和对环境的影响进行分析或者专项评价。

(3) 建设项目对环境影响很小，不需要进行环境影响评价的，应当填报环境影响登记表。

具体分类名录见《建设项目环境影响评价分类管理名录》(2017 年 9 月 1 日起施行)。

三、环境影响评价报告书的内容及要求

建设项目环境影响评价报告书一般包括概述、总则、建设项目工程分析、环境现状调查与评价、环境影响预测与评价、环境保护措施及其可行性论证、环境影响经济损益分析、环境管理与监测计划、环境影响评价结论和附录附件等内容。

（一）概述

概述可简要说明建设项目的特点、环境影响评价的工作过程、分析判定相关情况、关注的主要环境问题及环境影响、环境影响评价的主要结论等。

（二）总则

总则应包括编制依据、评价因子与评价标准、评价工作等级和评价范围、相关规划及环境功能区划、主要环境保护目标等。

1. 环境影响评价等级的划分

按建设项目的特点、所在地区的环境特征、相关法律法规、标准及规划、环境功能区划等划分各环境要素、各专题评价工作等级。具体由环境要素或专题环境影响评价技术导则规定。

2. 环境影响评价范围的确定

环境影响评价范围的确定是指建设项目整体实施后可能对环境造成的影响范围，具体根据环境要素和专题环境影响评价技术导则的要求确定。环境影响评价技术导则中未明确具体评价范围的，需根据建设项目可能影响范围来确定。

（三）工程分析

工程分析是环境影响评价中分析项目建设环境内在因素的重要环节，是决定环境影响评价工作质量好坏的关键，是把握项目环境影响特点的重要手段，在建设项目环境影响评价中占有举足轻重的地位。

1. 建设项目概况

建设项目包括主体工程、辅助工程、公用工程、环保工程、储运工程以及依托工程等。以污染影响为主的建设项目应明确项目组成、建设地点、原材料、生产工艺、主要生产设备、产品（包括主产品和副产品）方案、平面布置、建设周期、总投资及环境保护投资等。

以生态影响为主的建设项目应明确项目组成、建设地点、占地规模、总平面及现场布置、施工方式、施工时序、建设周期和运行方式、总投资及环境保护投资等。

改扩建及易地搬迁建设项目还应该包括现有工程的基本情况、污染物排放及达标情况、存在的环境保护问题及拟采取的整改方案等内容。

2. 影响因素分析

1）污染影响因素分析

遵循清洁生产的理念，从工艺的环境友好性、工艺过程的主要产污节点以及末端治理措施的协同性等方面，选择可能对环境产生较大影响的主要因素进行深入分析。

绘制包含产污环节的生产工艺流程图；按照生产、装卸、储存、运输等环节分析包括常规污染物、特征污染物在内的污染物产生、排放情况（包括正常工况和开停工及维修等非正常工况），对存在具有致癌、致畸、致突变的物质、持久性有机污染物或重金属的，应明确其来源、转移途径和流向；给出噪声、振动、放射性及电磁辐射等污染的来源、特性及强度等；说明各种源头防控、过程控制、末端治理、回收利用等环境影响减缓措施状况。

明确项目消耗的原料、辅料、燃料、水资源等种类、构成和数量，给出主要原辅材料及其他物料的理化性质、毒理特征，产品及中间体的性质、数量等。

对建设阶段和生产运行期间可能发生突发事件或事故，引起有毒有害、易燃易爆等物质泄漏，对环境及人身造成影响和损害的建设项目，应开展建设和生产运行过程的风险因素识别。对存在较大潜在人群健康风险的建设项目，应开展影响人群健康的环境风险因素识别。

2）生态影响因素分析

结合建设项目特点和区域环境特征，分析建设项目建设和运行过程(包括施工方式、施工时序、运行方式、调度调节方式等)对生态环境的作用因素与影响源、影响方式、影响范围和影响程度。重点为影响程度大、范围广、历时长或涉及环境敏感区的作用因素和影响源，关注间接性影响、区域性影响、长期性影响以及累积性影响等特有生态影响因素的分析。

3. 污染源源强核算

根据污染物产生环节(包括生产、装卸、储存、运输)、产生方式和治理措施，核算建设项目有组织与无组织、正常工况与非正常工况下的污染物产生和排放强度，给出污染因子及其产生和排放的方式、浓度、数量等。

污染源源强核算方法由污染源源强核算技术指南具体规定。现行为《污染源源强核算技术指南准则》(HJ884－2018)及一些行业污染源核算技术指南，如纸浆造纸、水泥工业、火电、钢铁工业等。

污染源源强核算可采用实测法、物料衡算法、产污系数法、排污系数法、类比法、实验法等方法。

(1) 实测法：指通过现场测定得到污染物产生或排放的相关数据，进而核算出污染物单位时间产生量或排放量的方法。

(2) 物料衡算法：指根据质量守恒定律，利用物料数量或元素数量在输入端与输出端之间的平衡关系，计算污染物单位时间产生量或排放量的方法。

(3) 产污系数法：指根据不同的原辅料及燃料、产品、工艺、规模，选取相关行业污染源源强核算技术指南给定的产污系数，根据单位时间产品产量计算出污染物产生量，并结合所采用治理措施情况，核算污染物单位时间排放量的方法。

(4) 排污系数法：指根据不同的原辅料及燃料、产品、工艺、规模和治理措施，选取相关行业污染源源强核算技术指南给定的排污系数，结合单位时间产品产量直接计算污染物单位时间排放量的方法。

(5) 类比法：指对比分析在原辅料及燃料成分、产品、工艺、规模、污染控制措施、管理水平等方面具有相同或类似特征的污染源，利用其相关资料，确定污染物浓度、废气量、废水量等相关参数进而核算污染物单位时间产生量或排放量，或者直接确定污染物单位时间产生量或排放量的方法。

(6) 实验法：指模拟实验确定相关参数，核算污染物单位时间产生量或排放量的方法。

(四) 环境现状调查与评价

对与建设项目有密切关系的环境要素应全面、详细调查，给出定量的数据并做出分析或评价。对于自然环境的现状调查，可根据建设项目情况进行必要说明。

1. 环境现状调查的方法

环境现状调查方法由环境影响评价技术导则具体规定，如《环境影响评价技术导则 大气环境》《环境影响评价技术导则 地面水环境》《环境影响评价技术导则 地下水环境》《环境影响评价技术导则 声环境》《环境影响评价技术导则 生态环境》等。

2. 环境现状调查与评价内容

根据环境影响因素识别结果，开展相应的现状调查与评价。

1）自然环境现状调查与评价

自然环境现状调查与评价包括地形地貌、气候与气象、地质、水文、大气、地表水、地下水、声、生态、土壤、海洋、放射性及辐射（如必要）等调查内容。根据环境要素和专题设置情况选择相应的内容进行详细调查。

2）环境保护目标调查

调查评价范围内的环境功能区划和主要的环境敏感区，详细了解环境保护目标的地理位置、服务功能、保护对象和保护要求等。

3）环境质量现状调查与评价

（1）根据建设项目特点、可能产生的环境影响和当地环境特征选择环境要素进行调查与评价。

（2）评价区域环境质量现状，说明环境质量的变化趋势，分析区域存在的环境问题及产生的原因。

4）区域污染源调查

选择建设项目常规污染因子和特征污染因子、影响评价区环境质量的主要污染因子和特殊污染因子作为主要调查对象，注意不同污染源的分类调查。

（五）环境影响预测与评价

环境影响预测与评价的时段、内容及方法均应根据工程特点、环境特性、评价工作等级、当地的环境保护要求来确定。

预测和评价的因子应包括反映建设项目特点的常规污染因子、特征污染因子和生态因子，以及反映区域环境质量状况的主要污染因子、特殊污染因子和生态因子。

须考虑环境质量背景与环境影响评价范围内在建项目同类污染物环境影响的叠加。

对于环境质量不符合环境功能要求或环境质量改善目标的，应结合区域限期达标规划对环境质量变化进行预测。

1. 环境影响预测与评价方法

预测与评价方法主要有数学模式法、物理模型法、类比调查法等，由各环境要素或专题环境影响评价技术导则具体规定。

（1）数学模式法。数学模式法能给出定量的预测结果，但需一定的计算条件和输入必要的参数、数据。选用数学模型时要注意模型的应用条件，如实际情况不能很好满足应用条件要求而又拟采用时，应对模型进行修正并验证。

（2）物理模型法。物理模型法定量化程度较高，再现性好，能反应比较复杂的环境特征，但需要有合适的实验条件和必要的基础数据，且制作复杂的环境模型需要较多的人力、物力和时间投入。在无法利用数学模式法预测而又要求预测结果定量精度较高时，应选用此方法。

（3）类比调查法。类比调查法的预测结果属于半定量性质。如由于评价工作要求时间较短等原因，无法取得足够的参数、数据，不能采用前述两种方法进行预测时，可选用此方法。

2. 环境影响预测与评价内容

应重点预测建设项目生产运行阶段正常工况和非正常工况等情况的环境影响。当建设阶段的大气、地表水、地下水、噪声、振动、生态以及土壤等影响程度较重、影响时间较长时，应进行建设阶段的环境影响预测和评价。可根据工程特点、规模、环境敏感程度、影响特征等选择开展建设项目服务期满后的环境影响预测和评价。

当建设项目排放污染物对环境存在累积影响时，应明确累积影响的影响源，分析项目实施可能发生累计影响的条件、方式和途径，预测项目实施在时间和空间上的累积环境影响。

对以生态影响为主的建设项目，应预测生态系统组成和服务功能的变化趋势，重点分析项目建设和生产运行对环境保护目标的影响。

对存在环境风险的建设项目，应分析环境风险源项，计算环境风险后果，开展环境风险评价。对存在较大潜在人群健康风险的建设项目，应分析人群主要暴露途径。

（六）环境保护措施及其可行性论证

明确提出建设项目建设阶段、生态运行阶段和服务期满后(可根据项目情况选择)拟采取的具体污染防治、生态保护、环境风险防范等环境保护措施；分析论证拟采取的具体污染防治、生态保护、环境风险防范等环境保护措施；分析论证拟采取措施的技术可行性、经济合理性、长期稳定运行和达标排放的可靠性、满足环境质量改善和排污许可要求的可行性、生态保护和恢复效果的可达性。

各类措施的有效性判定应以同类或相同措施的实际运行效果为依据，没有实际运行经验的，可提供工程化实验数据。

环境质量不达标的区域，应采取国内外先进可行的环境保护措施，结合区域限期达标规划及实施情况，分析建设项目实施对区域环境改善目标的贡献和影响。

给出各项污染防治、生态保护等环境保护措施和环境风险防范措施的具体内容、责任主体、实施时段。估算环境保护投入，明确资金来源。

环境保护投入应包括为预防和减缓建设项目不利环境影响而采取的各项环境保护措施和设施的建设费用、运行维护费用，直接为建设项目服务的环境管理与监测费用以及相关科研费用。

（七）环境影响经济损益分析

以建设项目实施后的环境影响预测与环境质量现状进行比较，从环境影响的正负两方面，以定性与定量相结合的方式，对建设项目的环境影响后果(包括直接和间接影响，不利和有利影响)进行货币化经济损益核算，估算建设项目环境影响的经济价值。

（八）环境管理与监测计划

按建设项目建设阶段、生产运行、服务期满后(可根据项目情况选择)等不同阶段，针对不同工况、不同环境影响和环境风险特征，提出具体环境管理要求。

给出污染物排放清单，明确污染物排放的管理要求，包括工程组成及原辅材料组分要求，建设项目拟采取的环境保护措施及主要运行参数，排放的污染物种类、排放浓度和总量指标，污染物排放的分时段要求，排污口信息，执行的环境标准，环境风险防范措施以及环境监测等，提出应向社会公开的信息内容。

提出建立日常环境管理制度、组织机构和环境管理台账相关要求，明确各项环境保护设施和措施的建设、运行及维护费用保障计划。

环境监测计划应包括污染源监测计划和环境质量监测计划，其内容包括监测因子、监测网点布设、监测频次、检测数据采集与处理、采样分析方法等，明确自行监测计划内容。

(1) 污染源监测包括对污染源(废气、废水、噪声、固体废物等)以及各类污染治理设施的运转进行定期或不定期监测，明确在线监测设备的布设和监测因子。

(2) 根据建设项目环境影响特征、影响范围和影响程度，结合环境保护目标分布，制定环境质量定点监测或定期跟踪监测方案。

(3) 对以生态影响为主的建设项目应提出生态监测方案。

(4) 对存在较大潜在人群健康风险的建设项目，应提出环境跟踪监测计划。

(九) 环境影响评价结论

对建设项目的建设概况、环境质量现状、污染物排放情况、主要环境影响、公众意见采纳情况、环境保护措施、环境影响经济损益分析、环境管理与监测计划等内容进行概括总结，结合环境质量目标要求，明确给出建设项目的环境影响可行性结论。

对存在重大环境制约因素、环境影响不可接受或环境风险不可控、环境保护措施经济技术不满足长期稳定达标及生态保护要求、区域环境问题突出且整治计划不落实或不能满足环境质量改善目标的建设项目，应提出环境影响不可行的结论。

四、环境影响报告表的内容

《建设项目环境影响报告表(试行)》必须由具有环评资质的环评机构填写。其内容主要有:建设项目基本情况、建设项目所在地自然环境社会环境简况、环境质量状况、主要环境保护目标、评价适用标准、工程内容及规模、与本项目有关的原有污染情况及主要环境问题、建设项目工程分析、项目主要污染物产生及预计排放情况、环境影响分析、建设项目拟采取的防治措施及预期治理效果、结论与建议等。需要注意，环境影响报告表如不能说明项目产生的污染及对环境造成的影响，应根据建设项目的特点和当地环境特征，选择1～2项进行专项评价，专项评价按照环境影响评价技术导则中有关要求进行。

五、环境影响登记表的内容

《建设项目环境影响登记表》一般由建设单位自行填写，不要求具备环评资质。其填报内容包括四个表:表一为项目基本情况；表二为项目地理位置示意图和平面布置示意图；表三为周围环境概况和工艺流程与污染流程；表四为项目排污情况及环境措施简述。

第三节　规划环境影响评价

为全面实施可持续发展战略，从规划决策源头防治环境污染和生态破坏，2003年开始实施，2016年修订《中华人民共和国环境影响评价法》，将环境影响评价从建设项目拓展到规划领域，并通过制定行政法规《规划环境影响评价条例》(2009年10月1日起施行)及行业规范《规划环境影响评价技术导则 总纲》(HJ130－2014)对规划环境影响评价做出了具体规定。

一、规划环境影响评价的适用范围和责任主体

1. 规划环境影响评价的适用范围

国务院有关部门、设区的市级以上地方人民政府及其有关部门，对其组织编制的土地利用的有关规划和区域、流域、海域的建设、开发利用规划(以下称综合性规划)，以及工业、农业、畜牧业、林业、能源、水利、交通、城市建设、旅游、自然资源开发的有关专项规划(以下称专项规划)，应当进行环境影响评价。

编制综合性规划应当根据规划实施后可能对环境造成的影响，编写环境影响篇章或者说明。编制专项规划应当在规划草案报送审批前编制环境影响报告书。编制专项规划中的指导性规划应当编写环境影响篇章或者说明。

2. 规划环境影响评价的责任主体

规划环境影响篇章或者说明、规划环境影响报告书，由规划编制机关编制或组织规划环境影响评价技术机构编制。规划编制机关应当对环境影响评价文件的质量负责。

二、规划环境影响评价的技术依据和内容

1. 规划环境影响评价的技术依据

《规划进行环境影响评价的技术导则 总纲》(HJ130—2014)规定了开展规划环境影响评价一般性原则、内容、工作程序、方法和要求。

2. 评价原则

全程互动、一致性、整体性、层次性、科学性原则。

3. 评价范围

时间跨度包括整个规划周期；空间跨度包括规划区域、规划实施影响的周边地域，特别应当将规划实施可能影响环境敏感区、重点生态功能区等重要区域整体划入评价范围。

4. 评价工作流程

在规划纲要编制阶段，通过对规划可能涉及的内容进行分析，提出规划实施的资源和环境制约因素，反馈给规划编制机关；在规划研究阶段，对不同方案实施的资源、环境、影响进行分析、预测、评估，综合不同规划方案的合理性，提出优化调整建议，反馈给规划编制机关，供其在不同规划方案的比选中参考利用；如果规划编制影响减缓措施，规划选址的方案导致资源环境无法承受，或可能造成重大环境影响且无法提出可行的预防和减缓对策和措施，应提出放弃规划方案的建议，并反馈给规划编制机关。规划上审批前，应完成规划环境影响报告书(规划环境影响篇章或者说明)的编写与审查，并提交给规划编制机关。

5. 规划环境影响评价的内容

(1) 规划概述：简要介绍规划编制背景和定位，说明规划的空间范围和空间布局，不同规划期的目标、规模、结构、建设时序、配套设施等内容，介绍规划的环保设施建设以及生态保护等内容；分析规划依托的资源与环境条件。

（2）规划协调性分析：分析规划在所属规划体系中的位置，给出规划的层级、功能属性、时间属性；分析本规划与相关规划的符合性；分析规划目标、规模、结构等各规划要素与上层位的符合性；重点分析规划之间的资源保护与利用、环境保护、生态保护等方面的冲突和矛盾；分析规划与国家级、省级主体功能区规划在功能定位、开发原则和环境政策要求等方面的符合性；筛选出在评价范围内与本规划所依托的资源和环境条件相同的同层位规划，并在考虑累积环境影响的基础上，逐项分析规划要素与同层位规划在环境目标、资源利用、环境容量与承载力等方面的一致性和协调性，重点分析规划与同层位的环境保护、生态建设、资源保护与利用等规划之间的冲突和矛盾；分析规划方案的规模、布局、结构、建设时序等与规划发展目标、定位的协调性；通过上述协调性分析，从多个规划方案中筛选出与各项要求较为协调的规划方案作为备选方案，或综合规划协调性分析结果，提出与环保法规、各项要求相符合的规划调整方案作为备选方案。

（3）现状调查与评价：现状调查与评价一般包括自然环境状况、社会经济概况、资源赋存于利用状况、环境质量和生态状况等内容。基于现状评价和规划分析结果，结合环境影响回顾与环境变化趋势分析，重点分析评价区域环境现状和环境质量、生态功能与环境保护目标间的差距，明确提出规划实施的资源与环境制约因素。

（4）环境影响识别与评价指标体系构建：按照一致性、整体性和层次性原则，识别规划实施可能影响的资源与环境要素，建立规划要素与资源、环境要素之间的关系，初步判断影响的性质、范围和程度，确定评价重点，并根据环境目标，结合现状调查与评价的结果，以及确定的评价重点，建立评价的指标体系。环境目标是开展环境影响评价的依据。评价指标是量化的环境目标。

（5）环境影响预测与评价：环境影响预测与评价一般包括对规划开发强度的分析，对水环境（包括地表水、地下水、海水）、大气环境、土壤环境、声环境的影响，对生态系统完整性及景观生态格局的影响，对环境敏感区和重点生态功能区的影响，对资源与环境承载能力的评估等内容。环境影响预测应充分考虑规划的层次和属性，依据不同层级和属性规划的决策需求，采用定性、半定量、定量相结合的方式进行。对环境质量影响较大，与节能减排关系密切的工业、能源、城市建设、区域建设与开发利用、自然资源开发等专项规划，应进行定量或半定量环境预测与评价。对于资源和水环境、大气环境、土壤环境、海洋环境、声环境指标的预测与评价，一般采用定量的方式进行。

（6）规划方案综合论证和优化调整建议：依据环境影响识别后建立的规划要素与资源、环境要素之间的动态影响关系，综合各种资源与环境要素的影响预测和分析、评价结果。论证规划的目标、规模、布局、结构等规划要素的合理性以及环境目标的可达性，动态判定不同规划时段、不同发展情境下规划实施有无重大资源、生态、环境制约因素，详细说明制约的程度、范围、方式等，进而提出规划方案的优化调整建议和评价推荐的规划方案。规划方案的综合论证包括环境合理性论证和可持续发展两部分内容。

（7）环境影响减缓对策和措施：是对规划方案中配套建设的环境污染防治、生态保护和提高资源能源利用效率措施进行评估后，针对环境影响评价推荐的规划方案实施后所产生的不良环境影响，提出的政策、管理或者技术等方面的建议。

此外规划环境影响评价内容还包括确定跟踪评价、公众参与等内容。

三、规划环境影响评价的公众参与

任何单位和个人对违反《规划环境影响评价条例》规定的行为或者对规划实施过程中产生的重大不良环境影响，有权向规划审批机关、规划编制单位或者环境保护主管部门举报。有关部门接到举报后，应当依法调查处理。

对可能造成不良环境影响并直接涉及公众环境权益的专项规划，应当公开征求有关单位、专家和公众对规划环境影响报告书的意见。依法需要保密的除外。公开的环境影响报告书的主要内容包括：规划概况、规划的主要环境影响、规划的优化调整建议和预防或者减轻不良环境影响的对策与措施、评价结论。

公众参与可采取调查问卷、座谈会、论证会、听证会等形式进行。对于政策性、宏观性较强的规划，参与的人员以规划涉及的部门代表和专家为主；对于内容较为具体的开发建设类规划，参与的人员还应包括直接环境利益相关群体的代表。处理公众参与的意见和建议时，对于已采纳的，应在环境影响报告书中明确说明修改的具体内容；对于不采纳的，应说明理由。

规划编制单位对规划环境进行跟踪评价，应当采取调查问卷、现场走访、座谈会等形式征求有关单位、专家和公众的意见。

四、规划环境影响评价的审查

1. 规划环境影响评价文件的报审

规划编制单位在报送审批综合性规划草案和专项中的指导性规划草案时，应当将环境影响篇章或者说明作为规划草案的组成部分一并报送规划审批机关。未编写环境影响篇章或者说明的，规划审批机关应当要求其补充；未补充的，规划审批机关不予审批。

规划编制单位在报送审批专项规划草案时，应当将环境影响报告书一并附送规划审批机关审查；未附送环境影响报告书的，规划审批机关会要求其补充；未补充的，规划审批机关不予审批。

2. 规划环境影响报告书的审查内容

审查意见应当包括下列内容：

(1) 基础资料、数据的真实性；

(2) 评价方法的适当性；

(3) 环境影响分析、预测和评估的可靠性；

(4) 优化调整建议及预防或者减轻不良环境影响的对策和措施的合理性和有效性；

(5) 公众意见采纳与不采纳情况及其理由的说明的合理性；

(6) 环境影响评价结论的科学性。

发现规划存在重大环境问题的，审查小组应当提出不予通过环境影响报告书的意见；发现规划环境影响报告书质量存在重大问题的，审查小组应当提出对环境影响报告书进行修改并重新审查的意见。

3. 规划环境影响报告书的审查效力

规划审批机关在审批专项规划草案时，应当将环境影响报告书结论以及审查意见作为决策的重要依据。规划审批机关对环境影响报告书结论以及审查意见不予采纳的，应当逐项就不予采纳的理由作出书面说明，并存档备查。有关单位、专家和公众可以申请查阅，但是依法需要保密的除外。

已经进行环境影响评价的规划包含具体建设目的，规划的环境影响评价结论应当作为建设项目环境影响评价的重要依据，建设项目环境影响评价的内容可以根据规划环境影响评价的分析论证情况予以简化。

五、规划环境影响的跟踪评价

对环境有重大影响的规划实施后，规划编制单位应及时组织环境影响的跟踪评价，将评价结果报告规划审批机关，并通报环境保护等有关部门。

规划环境影响的跟踪评价应当包括下列内容：

(1) 规划实施后实际产生的环境影响与环境影响评价文件预测可能产生的环境影响之间的比较分析和评估。

(2) 规划实施中所采取的预防或者减轻不良环境影响的对策和措施有效性地分析和评估。

(3) 公众对规划实施所产生的环境影响的意见。

(4) 跟踪评价的结论。

规划实施过程中产生重大不良环境影响的，规划编制机关应当及时提出改进措施，向规划审批机关报告，并通报环境保护等有关部门。环境保护主管部门发现规划实施过程中产生重大不良环境影响的，应当及时进行核查。经核查属实的，向规划审批机关提出采取改进措施或者修订规划的建议。规划审批机关在接到规划编制机关的报告或者环境保护主管部门的建议后，应当及时组织论证，并根据论证结果采取改进措施或者对规划进行修订。

复习思考题

1. 节能分析评价主要包括哪些内容？

2. 民用建筑项目节能总体分析评价的内容包括哪几方面？

3. 民用建筑项目能耗水平分析主要从哪几个方面进行评价？对于公共建筑和住宅建筑又分别从哪些方面具体考虑？

4. 民用建筑项目节能优化建议有哪些？

5. 项目节能审查如何进行分类管理？

6. 项目节能报告的内容有哪些？

7. 环境影响评价的分类管理是如何规定的？

8. 环境影响评价报告书的内容包括哪些？

9. 环境影响预测与评价的方法有哪些？

10. 环境影响报告表包括哪些内容？

11. 环境影响登记表包含哪些内容？

12. 规划环境影响评价适用于什么范围?

13. 规划环境影响评价的责任主体是谁?

14. 规划环境影响评价的内容包括哪些?

15. 规划环境影响评价文件的报审有什么具体要求?

第八章　建设项目社会评价

学习目标和要求

1. 掌握社会评价的特点和原则；
2. 熟悉社会评价的目的和作用；
3. 掌握进行社会评价的项目范围；
4. 熟悉社会评价的结构体系，掌握社会评价的主要内容；
5. 熟悉社会评价的方法和指标体系；
6. 熟悉利益相关者的分析步骤。

投资项目体制改革要求在项目投资建设中必须高度关注投资项目对维护公共利益可能产生的各种影响，从而使得在投资项目决策的分析与评价中更加重视社会评价工作。

第一节　社会评价概述

一、社会评价的概念、特点和原则

（一）社会评价的概念和特点

社会评价是用以识别和评价建设投资项目的各种社会影响，分析当地社会环境对拟建项目适应性和可接受程度，促进利益相关者对项目投资活动的有效参与，优化项目建设实施方案，规避建设投资项目社会风险的重要工具和手段。

作为项目经济评价方法体系的重要组成部分，社会评价与建设投资项目的财务评价、经济评价等相比，存在较大差别。其主要特点有：

(1) 目标的多元性。财务评价的目标是评价项目的盈利能力及债务清偿能力等，经济评价的目标是资源优化配置及社会福利最大化，二者的评价目标均比较单一，而社会评价由于涉及的社会因素复杂，目标多元化，且没有共同度量的标准。

(2) 评价工作的周期长。社会评价贯穿于项目周期的各个环节和过程，而且要关注近期与远期同项目运行有关的各种社会发展目标等社会问题，持续时间相对较长。如建设三峡工程这样的投资项目，在考察项目对生态环境、人民生活、社会发展的影响时，考察的时间跨度可能是几代人。

(3) 定量分析困难，一般以定性分析为主，从而要求社会评价人员必须有丰富的经验，对各种社会问题具有高度的敏感性，否则将难以胜任社会评价工作。

（4）行业特点突出。社会评价没有通用的方法，各行业部门、不同类型项目社会评价的内容差异很大，从而增加了社会评价的难度。

（二）社会评价的原则

1. 多层次分析的原则

投资项目社会评价应涉及三个层次的问题：国家层次、地区层次和项目层次。

在国家层次上进行投资项目社会评价的目的是确定建设项目对国家社会发展目标的重要性和贡献，其所要解决的问题牵涉到国家的社会与经济发展政策，以及国家发展的目标和方向，可能包括满足所有公民的物质和文化需要，保持经济持续增长和社会稳定发展，脱贫以及更恰当的收入分配。

在地区层次上进行的建设投资项目社会评价主要涉及特殊的地区发展目标和地区实际状况，地区的优先发展次序以及项目目标和地区的优先发展次序之间的关系等方面的问题。在该层次上应更加注重地区差别。

建设项目的社会评价在项目层次上涉及确定项目范围内的关键社会因素，例如项目受益人的参与意愿、项目社区的接受能力、民族习惯、本地文化、脆弱群体。这些关键性社会因素将影响到项目的设计、规模、选址、技术和项目目标的实现。

2. 根据项目的具体特点选用不同的评价方法

不同类型投资项目所使用的社会评价方法应当有所区别。项目的社会影响因素将因它们的不同目标、不同位置和不同类型而各异。这就导致不可能采用某种统一的社会评价方法来对位置不同的所有类型的建设投资项目进行分析。特别要注意对那些影响面大、影响持续时间长的社会因素的分析。就同一类型项目而言，由于地理位置不同，所处的社会环境不同，所涉及的利益相关者不同，其分析的主要社会因素也应有所区别，应当采取灵活的方法，具体问题具体分析。

3. 社会评价应贯穿于项目周期的各个阶段

项目周期包括项目识别、确定、评估、实施监测和后评价等各个阶段。不同阶段社会评价的目的、内容和侧重点各不相同，对项目的影响程度也不相同。因此应根据项目周期各阶段的具体特点开展相应的社会评价工作。

二、社会评价的目的和作用

（一）社会评价的主要目的

社会评价的主要目的是消除或尽量减少因项目的实施所产生的社会负面影响，使项目的内容和设计符合项目所在地区的宏观发展目标、实际情况和目标人口的具体发展需要，为项目地区的人口提供更广阔的发展机遇，提高项目实施的效果，并使项目能为项目地区的区域社会发展目标，如减轻或消除贫困、促进社会性别平等、维护社会稳定等做出贡献，促进经济与社会的协调发展。

（二）社会评价的作用

（1）有利于经济发展目标与社会发展目标协调一致，防止单纯追求项目经济效益。有些项目具有很好的经济效益，但可能造成严重的生态环境污染，损害当地居民的利益，并引起社会矛盾，这些都将不利于项目的顺利实施；有些项目在少数民族地区建设，没有充分了解当地的风俗习惯，导致当地居民和有关部门的不配合；有些项目由于移民安置解决不好，导致人们生活水平下降，不利于社会经济的协调发展等。所以，项目的建设要与社会发展协调配合。

(2) 有利于项目所在地区利益协调一致，减少社会矛盾和纠纷，防止可能产生的不利社会影响和后果，促进社会稳定。建设投资项目在客观上一般都存在对所在地区的有利影响和不利影响。有利影响与所在地区利益相协调，对地区社会发展和人们生活水平起促进和推动作用，不利影响则会对地区的局部利益或社会环境带来一定的损害。分析有利影响和不利影响的大小，判断有利影响和不利影响在建设项目投资效果的分布情况，是社会评价中判断一个项目好坏的重要尺度之一。如一个水利工程项目，有利影响包括防洪防涝、发电、灌溉和水产养殖，不利影响主要是由于库区建设而导致的人口迁移。如果库区迁移人口安置不当，导致当地人群生活水平下降、生活习惯改变、难以适应新的生活环境，可能引起移民的不满或过激行为，对当地社会稳定和项目的顺利进行都会产生不利的后果。因此，社会评价中应该始终把项目建设同当地人群的生活和发展联系起来，充分估计项目建设可能造成的不利影响，预先采取适当的措施，把由项目建设引起的社会不利影响降到最低。

(3) 有利于避免或减少项目建设和运营的社会风险，提高投资效益。项目建设和运营的社会风险是指由于在项目评价阶段忽视社会评价工作，致使在项目的建设和运营过程中与当地社区发生种种矛盾，长期得不到解决，导致工期拖延、投资加大，经济效益低下，偏离当初拟定的项目预期目标。这就要求我们在进行社会评价时要侧重于分析项目是否适合当地人群的文化生活需要，考察当地人群的需求状况，对项目的态度如何，是支持还是反对项目实行。分析要广泛、深入、实际，并提出合理的有针对性建议以减少项目的社会风险。只有消除了项目的不利影响，避免了社会风险，使项目与当地人群的需求相一致，才能保证项目的顺利实施，持续发挥项目的投资效益。

三、社会评价的要求

我国投资项目社会评价是以各项社会政策为基础，分析评价投资项目为实现国家和地方的各项社会发展目标所做出的贡献与影响，以及项目与社会的相互适应性和项目社会风险的一种系统的调查、研究与分析评估，评估项目的社会可行性。

社会发展目标一般应包括经济、政治、文化、艺术、教育、卫生、安全、国防、环境等各个社会生活领域的目标。而投资项目要实现的社会发展目标主要是指经济增长速度、收入公平分配、自力更生能力、劳动就业程度、科技进步及其他社会变革等，其中最主要、最根本的还是经济增长和收入公平分配目标。而国家和地方的各项社会发展目标的实现，有赖于各项社会政策的贯彻执行，如就业政策、公平分配政策、扶贫政策、社会福利政策和社会保障政策等。

(1) 项目对各项社会发展目标的贡献，就是指由于项目的实施给社会创造的效益，如提高人民的教育文化水平，改善人民的劳动条件等对社会有利的影响。项目对社会发展目标的影响，包括自然影响和社会影响。自然影响一般是对人民生活的间接影响，如项目对自然与生态环境的影响、对自然资源的影响；而社会影响是指对人口、劳动形式、劳动组织、社会就业、社会政治、社会程序、社会稳定、人民生活收入和生活质量等的影响。这些影响有近期影响和远期影响、显在影响和潜在影响，一般在短时期内不易发觉。

(2) 项目与社会的相互适应性分析，是研究项目与社区人民的相互影响和相互适应问题。不仅要分析项目是否适应当地社区人民的需要与需求，项目对社区人民的文化的可接受性，同时也要分析社区对项目的适应程度。如社区对项目的吸收能力，如何使社区适应项目的生存和发展，提高其吸收能力，为提高承担项目机构的能力所需采取的措施等。项目与当地社会的相互适应性，都会影响到投资项目的社会费用和社会效益，也直接或间接地关系到实现社会发展目标所做出的贡献及其影响。

第二节　社会评价的范围和内容

一、需要进行社会评价的项目范围

任何投资项目都与人和社会有着密切的联系，因而从理论上讲，投资项目的社会评价适合于各类投资项目的评价。然而，项目的社会评价难度大、要求高，并且需要一定的资金和时间投入，因此并不是任何项目都有必要进行社会评价。一般主要是对当地居民受益较大的社会公益性项目、对人民生活影响较大的基础性项目和扶贫项目等进行社会评价，包括引发大规模移民征地的项目，如交通、供水、采矿和油田项目，以及具有明显社会发展目标的项目，如扶贫项目、区域性发展项目和社会服务项目(如教育、文化和公共卫生项目等)。对企业投资项目而言，如果该项目容易引起社会风险，对国家或地区的社会发展有重大影响，也应该进行社会评价。

在项目评价中首先需要进行初步社会评价，根据初步评价的结果，判断是否需要进行详细社会分析。需要进行社会分析的项目具有以下特征：

(1) 项目地区的人口无法从以往的发展项目中受益或历来处于不利地位。

(2) 项目地区存在比较严重的社会、经济不平等现象。

(3) 项目地区存在比较严重的社会问题。

(4) 项目地区面临大规模企业结构调整，可能出现大规模的失业人口。

(5) 可以预见到项目会产生重大的负面影响，如非自愿移民、文物古迹的严重破坏等。

(6) 项目活动会改变当地人口的现行行为方式和价值观念。

(7) 社区参与对项目效果可持续性和成功实施十分重要。

(8) 项目设计人员对项目影响群体和目标群体的需求及项目地区发展的制约因素缺乏足够的了解。

二、社会评价的结构体系和主要内容

(一) 社会评价的结构体系

对投资项目进行社会评价的结构体系如图 8－1 所示。

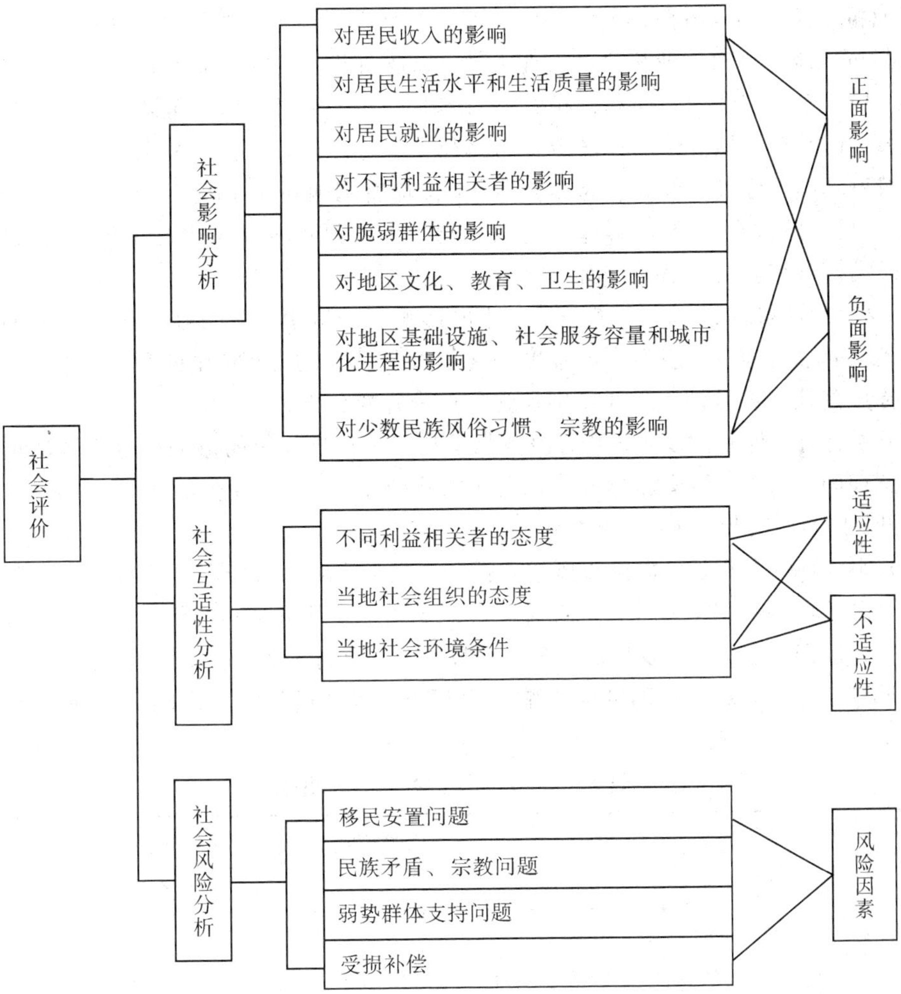

图 8－1　社会评价结构体系

（二）社会评价的主要内容

社会评价从以人为本的原则出发，研究内容包括项目的社会影响分析、项目与所在地区的互适性分析和社会风险分析等三个方面。

1. 社会影响分析

项目的社会影响分析在内容上可分为三个层次，从国家、地区、社区三个层面展开，包括正面影响和负面影响。

（1）项目对所在地区居民收入的影响。主要分析预测由于项目实施可能造成当地居民收入增加或者减少的范围、程度及原因；收入分配是否公平，是否扩大贫富收入差距，并提出促进收入公平分配的措施建议。扶贫项目，应着重分析项目实施后，能在多大程度上减轻当地居民的贫困和帮助多少贫困人口脱贫。

（2）项目所在地区居民生活水平和生活质量的影响。分析预测项目实施后居民居住水平、消费水平、消费结构、人均寿命等方面会产生哪些变化及其原因。

（3）项目对所在地区居民就业的影响。分析预测项目的建设、运营对当地居民就业结构和就业机会的正面与负面影响。其中正面影响是指可能增加就业机会和就业人数，负面影响是指可能减少原有就业机会及就业人数，以及由此引发的社会矛盾。

（4）项目对所在地区不同利益相关者的影响。分析预测项目的建设和运营使哪些人受益或受损，以及对受损群体的补偿措施和途径。兴建露天矿区、水利枢纽工程、交通运输工程、城市基础设施等一般会引起非自愿移民，应特别加强这项内容的分析。

（5）项目对所在地区弱势群体利益的影响。分析预测项目的建设和运营对当地妇女、儿童、残疾人员利益的正面或负面影响。

（6）项目对所在地区文化、教育、卫生的影响。分析预测项目在建设和运营期间可能引起当地文化教育水平、卫生健康程度的变化以及对当地人文环境的影响，提出减少不利影响的措施建议。公益性项目要特别加强这项内容的分析。

（7）项目对当地基础设施、社会服务容量和城市化进程等的影响。分析预测项目在建设和运营期间，是否可能增加或者占用当地的基础设施，包括道路、桥梁、供电、给排水、供汽、服务网点，以及产生的影响。

（8）项目对所在地区少数民族风俗习惯和宗教的影响。分析预测项目的建设和运营是否符合国家的民族和宗教政策，是否充分考虑了当地民族的风俗习惯、生活方式或者当地居民的宗教信仰，是否会引发民族矛盾、宗教纠纷，影响当地社会安定。

通过以上分析，对项目的社会影响做出评价，编制项目社会影响分析表，如表 8－1 所示。

表 8－1　项目社会影响分析表

序号	社会因素	影响的范围、程度	可能出现的后果	措施建议
1	对居民收入的影响			
2	对居民生活水平与生活质量的影响			
3	对居民就业的影响			
4	对不同利益相关者的影响			
5	对脆弱群体的影响			
6	对地区文化、教育、卫生的影响			
7	对地区基础设施、社会服务容量和城市化进程的影响			
8	对少数民族风俗习惯和宗教的影响			

2. 互适性分析

互适性分析主要是分析预测项目能否为当地的社会环境、人文环境、人文条件所接纳，以及当地政府、居民支持项目的程度，考察项目与当地社会环境的相互适应关系。

（1）分析预测与项目直接相关的不同利益相关者对项目建设和运营的态度及参与程度，选择可以促使项目成功的各利益相关者的参与方式，对可能阻碍项目存在与发展的因素提出防范措施。分析内容包括：项目所在地区不同利益相关者参与项目活动的重要性，对当地人群的参与有影响的关键的社会因素，在项目社区中是否有一些群体被排斥在项目设计方案之外或在项目方案中没有发表意见的机会，找出项目地区的人群参与项目设计、准备和实施的恰当的形式和方法。

(2) 分析预测项目所在地区的社会组织对项目建设和运营的态度，可能在哪些方面、在多大程度上对项目予以支持和配合。首先分析当地政府对项目的态度及协作支持的力度。尤其是大型项目，在后勤保障等一系列问题上更离不开社会支撑系统。应当认真考察交通、电力、通信、供水等基础设施条件以及医疗、教育等社会福利及生活条件，当地是否提供保障。其次分析当地群众对项目的态度以及群众参与的程度。一个项目，只有造福于桑梓、取信于民众，使群众以各种方式参与到项目的设计、决策、建设、运营和管理中来，才能得到群众的拥护和支持。通过分析项目的受益者及受益面的大小、受损者及其受损程度和补偿方案，寻找共赢方案。

(3) 分析预测项目所在地区社会环境、文化状况能否适应项目建设和发展需要。对于主要为发展地方经济、改善当地居民生产、生活条件兴建的水利项目、交通运输项目、扶贫开发项目，应分析当地居民的教育水平能否适应项目要求的社会环境条件，能否保证实现项目的既定目标。

通过项目所在地的互适性分析，评价当地社会对项目适应性的可接受程度，编制社会对项目的适应性和可接受程度分析表，如表 8-2 所示。

表 8-2　社会对项目的适应性可接受程度分析表

序号	社会因素	适应程度	可能出现的问题	措施建议
1	不同利益相关者的态度			
2	当地社会组织的态度			
3	当地社会环境条件			

3. 社会风险分析

项目的社会风险分析用于对可能影响项目的各种社会因素进行识别和排序，选择影响面大、持续时间长，并容易导致较大矛盾的社会因素进行预测，分析可能出现这种风险的社会环境和条件。如大型水利枢纽工程的建设，就要分析移民安置和受损补偿问题。如果移民群众的生活得不到有效保障或生活水平大幅降低，受损补偿又不尽合理，群众的抵触情绪就会滋生，从而直接导致项目工期的拖延，影响项目预期社会效益的实现。通过分析社会风险因素，编制项目社会风险分析表，如表 8-3 所示。

表 8-3　社会风险分析表

序号	社会风险因素	持续时间	可能导致的后果	措施建议
1	移民安置问题			
2	民族矛盾、宗教问题			
3	弱势群体支持问题			
4	受损补偿问题			

三、社会评价的步骤

社会评价一般包括调查社会资料、识别社会因素、论证比选方案三个步骤。

1. 调查社会资料

调查了解项目所在地区的社会环境等方面的资料，包括：项目所在地区和受影响的社区基本社会经济情况，以及项目影响时限内可能的变化；人口统计资料、基础设施与服务设施状况，以及项目影响时限内可能的变化；当地的风俗习惯、人际关系；各利益相关者对项目的反应、要求与接受程度；各利益相关者参与项目活动的可能性，如项目所在地区干部群众对参与项目活动的态度和积极性，可能参与的形式和时间，妇女参与有无特殊情况等。社会调查可采用多种调查方法，如查阅文献、统计资料、问卷调查、现场访问与观察、开座谈会等。

2. 识别社会因素

分析社会调查获得的资料，对项目涉及的各种社会因素进行分类。一般可分成三类：

(1) 影响人类生活和行为的因素。如对就业、收入分配、社区发展和城市建设、居民身心健康、文化教育事业、社区福利和社会保障等的影响因素。

(2) 影响社会环境变迁的因素。如对自然和生态环境、资源综合开发利用能源节约、耕地和水资源等的影响因素，以及由此对社会环境的影响。

(3) 影响社会稳定与发展的因素。如对人们风俗习惯、宗教信仰、民族团结的影响，对社区组织结构和地方管理机构的影响，对国家安全和地区发展的影响等。

从这些因素中，识别与选择影响项目实施和项目成功的主要社会因素，作为社会评价和对项目方案进行论证比选的重点。

3. 论证比选方案

对拟定的项目建设地点、技术方案和工程方案中涉及的主要社会因素进行定性、定量分析，比选推荐社会正面影响大、社会负面影响小的方案。主要内容包括如下几点：

(1) 确定评价目标与评价范围。根据投资项目建设的目的、功能以及国家和地区的社会发展战略，对与项目相关的各社会因素进行研究分析，找出项目对社会环境可能产生的影响，确定社会评价的目标，并分析主要目标和次要目标。分析的范围包括项目影响涉及的空间范围和时间范围。空间范围是指项目所在的地区、县市等。时间范围是指项目的寿命期或预测可能影响的年限。

(2) 选择评价指标。根据评价的目标，选择适当的评价指标，包括各种效益和影响的定性指标和定量指标。所选指标不应过多，且要便于搜集数据和进行评定。

(3) 确定评价标准。在广泛调查研究和科学分析的基础上，收集项目本身及评价空间范围内社会、经济、环境等方面的信息，并预测评价在项目建设阶段有无可能发生变化，然后确定评价的标准。

(4) 制定备选方案。根据项目的建设目标、不同的建设地点、不同的资金来源、不同的技术方案等，提出若干可供选择的方案，通过了解项目影响区域范围内地方政府与群众的意见，将这些意见纳入方案比较的过程中。

(5) 进行项目评价。根据调查和预测的资料，对每一个备选方案进行定量和定性评价。首先，对能够定量计算的指标，依据调查和预测资料进行定性分析，判断各种社会因素对项目的影响程度，揭示项目可能存在的社会风险。再次，分析判断各定性指标和定量指标对项目实施和社会发展目标的重要程度，对各指标进行排序并赋予一定的权重。对若干重要的指标，特别是不利影响的指标进行深入的分析研究，制订减轻不利影响的措施，研究存在的社会风险的性质与重要程度，提出防控风险的措施。

（6）编制社会评价报告。将所评价的调查、预测、分析、比较的过程和结论，以及方案中的重要问题和有争议的问题写成一定格式的书面报告。在提出方案优劣的基础上，提出项目是否可行的结论或建议，形成项目社会评价报告，作为建设项目投资决策的依据之一。

第三节　社会评价的主要方法

项目的社会因素多而复杂，如项目对社区安全稳定的影响，人们对项目的态度、社区的人际关系，项目对卫生保健、文化水平提高的效益，对生态环境的影响，对人口素质提高的影响等，很难采用统一的方法进行评价。一般采用定性分析和定量分析相结合的方法。

一、社会评价方法的类型

项目投资活动涉及的社会因素、社会影响和社会风险不可能用统一的指标、量纲和判据进行评价，因此社会评价应根据项目的具体情况采用灵活的评价方法。

1. 定性分析和定量分析

项目影响的社会因素通常多而繁杂。有的社会因素可以采用一定的计算公式定量计算，如就业效益、收入分配效果等，而更多的社会因素则难以计量，更难以采用一定的量纲用统一的计算公式进行计算。因此，社会评价通常采用定量分析与定性分析相结合、指标评价与经验判断相结合的方法，能定量的尽量定量，不能定量的则进行定性分析。在评价过程中，也可先定量分析，再通过定性分析进行补充说明。

（1）定性分析方法。定性分析方法就是在进行项目的社会评价时，基本上采用文字描述为主的形式，详细说明事物的情况、性质、程度、优劣，并据以做出判断或得出结论的分析方法。定性分析应尽量引用直接或间接的数据，以便更准确地说明问题的性质和影响程度。如分析项目对所在地区的文化教育的影响，就可以采用一些统计数据，如项目建设前后所在地区的小学生入学率、人均拥有的大学毕业生人数、大专院校科研人员人数、人均科技图书拥有量等进行定性分析，应尽可能地对分析对象选定对比的基准，在可比的基础上按照有无对比的原则进行指标对比分析。

（2）定量分析方法。定量分析是通过一定的数学公式或模型，在调查分析得到的数据基础上，计算得出结果并结合一定的标准进行的分析评价。定量分析一般要有统一的量纲、一定的计算公式和判别标准。一般认为，用数据和公式说话比较客观科学。但是对于项目评价来说，对大量复杂的社会因素进行定量计算显然难度很大。因此，定量分析在社会评价中是一种辅助方法。

2. 初步社会评价和详细社会评价

在项目前期工作阶段，应根据项目研究的深度分别采用初步社会评价和详细社会评价的方法。

（1）初步社会评价。初步社会评价是在初步可行性研究阶段进行社会评价常采用的一种简便方法。运用这一方法可大致了解拟建项目所在地区社会环境的基本状况，识别主要影响因素，粗略地预测可能出现的情况及其对项目的影响程度。初步社会评价主要是分析现有资料和现有状况，着眼于负面社会因素的分析决断，一般以定性描述和分析为主。主要步骤如下：

① 识别主要社会因素。对影响项目的社会因素进行分类，可按其与项目之间的关系和预期影响程度划分为影响一般、影响较大和影响严重三级。应侧重分析评价那些影响严重的社会因素。

② 确定利益相关者。对项目所在地区的受益、受损利益群体进行划分，着重对受损利益群体的情况进行分析。按受损程度划分为受损一般、受损较大、受损严重三级，重点分析受损严重群体的人数、机构，以及他们对项目的态度和可能产生的矛盾。

③ 估计接受程度。大体分析当地现有经济社会条件对拟建项目的接受程度，一般分为高、中、低三级。应侧重对接受程度低的因素进行分析，并提出项目与当地社会环境相互适应的措施和建议。

（2）详细社会评价。详细社会评价是在可行性研究阶段广泛应用的一种评价方法。其功能是在初步社会评价的基础上，采用定量与定性分析相结合的方法，结合项目的工程技术方案，进一步研究与项目相关的社会因素和社会影响程度，进行详细论证并预测风险程度，系统地评价社会影响。主要步骤包括如下几点：

① 识别社会因素并排序。对社会因素按其正面与负面影响、持续时间长短、风险度大小、风险变化趋势进行分组排序。应着重对那些持续时间长、风险度大、可能激化的负面社会影响进行论证。

② 识别利益相关者并排序。对利益相关者按其直接受益或者受损、间接受益或者受损、减轻或者补偿受损措施的代价分组。在此基础上详细论证各受益群体与受损群体之间、利益相关者与项目之间的利害关系，以及可能出现的社会矛盾。

③ 论证当地社会环境对项目的适应程度。详细分析项目建设与运营过程中可以从地方获得支持与配合的程度，按好、中、差分组。应着重研究地方利益相关者、当地政府和非政府机构的参与方式及参与意愿，并提出协调矛盾的措施。

④ 比选优化方案。将上述各项分析的结果进行归纳，比选、推荐合理方案。

二、社会评价指标

为准确反映项目的社会效果，社会评价指标应把社会性指标（如教育、健康、信息透明和社会性别等）和经济性指标（如收入增加、新增就业机会、生产率提高、收入分配等）综合在一起，作为分析项目的社会影响及效果的辅助工具。

1. 社会评价指标分类

社会评价指标，按指标值的取得方式及其性质，分为客观指标和主观指标；按其衡量的内容和对象不同，分为核心指标和辅助指标。

（1）客观指标和主观指标。客观指标反映客观社会现象，适用于衡量项目带来的结构变化。例如，客观指标衡量贫困时，使用的是官方贫困线以下的家庭数量、人均净收入或人均粮食生产量等可能从客观上获得的数字。主观指标适用于衡量对个人的影响，即他们的福利现状和期望，以及对各种影响的满意程度。

（2）核心指标和辅助指标。核心指标是指能够直接衡量项目的社会影响，特别是衡量受项目影响人群的收入（收入来源、收入水平、储蓄、信用）和就业状况、社会服务和当地文化状况，以及项目地区的具体目标人群对项目的看法等内容的重要指标。辅助指标是特定行业的、与特定项目目标或具体情况相关的其他一般性指标。

2. 社会评价指标的特征

对于不同的项目，社会评价具体采用的指标可能不同，但所有项目的社会评价指标具有以下共同的特征：

（1）应该是可量化计算的；

（2）所依据的信息资料必须是可以得到的，并且能够获得可靠的信息资料；

（3）指标数据的收集和测算应考虑成本效益因素，必须是经济上可以承受的，收集数据及分析计算这些指标所花费的代价及时间应在已确定的预算中所规定的范围之内；

（4）指标应能用反映随时间变化的动态趋势，并且是根据特定时间内所收集的数据进行分析测算的；

（5）应有对弱势群体反应灵敏、能显示和衡量与弱势群体社会状况改善有关的评价指标，并且通过这些指标数据易于观察这些变化和趋势；

（6）必须对变化反应灵敏，从而能正确反映现实；

（7）所采用的指标必须是易于为大家所理解并能被使用者所接受的；

（8）指标体系应具有全面性、综合性特征，既能反映正面影响，又能反映负面影响。

3. 社会评价指标体系

社会评价应以各项社会政策（如就业政策、分配政策、扶贫政策、社会福利政策和社会保障政策等）为基础，针对国家与地方各项社会发展目标的贡献与影响进行分析评价。其主要评价指标多而繁杂，在选择社会评价指标时，不同行业、不同类型的项目应有所差别。表 8－4 给出了一些社会评价指标，在实际运用时可视具体情况有所取舍。

表 8－4　社会评价指标举例

一级指标	二级指标	三级指标
1. 对社会的影响	1.1 就业效果 1.2 对收入分配的影响 1.3 对社区发展和城市建设的影响 1.4 对人们身心健康的影响 1.5 对社会环境的影响 1.6 对社区福利和社会保障的影响 1.7 对社区组织机构和地方管理结构的影响 …	1.1.1 安排直接就业 1.1.2 吸收间接就业 … 1.4.1 增加社区服务设施 1.4.2 改善城市基础设施 1.4.3 扩大社区住宅面积 …

续表

一级指标	二级指标	三级指标
2.项目的互适性	2.1 当地政府对项目的态度 2.2 当地群众对项目的态度 2.3 当地社会组织对项目的态度 2.4 当地的基础设施支持条件 2.5 当地的技术支持条件 2.6 当地的文化教育水平 2.7 群众的参与积极性 …	2.1.1 地方政府财政支持 2.1.2 地方政府加强宣传力度 … 2.6.1 当地科研院所众多 2.6.2 科技人员素质较高 …
3.项目的社会风险	3.1 对弱势群体的影响 3.2 对人们的风俗习惯、宗教信仰、民族团结和文化多样性的影响 3.3 对受损群体的安置和补偿的影响	3.1.1 对妇女的影响 3.1.2 对儿童的影响 3.1.3 对老年人的影响 …

三、社会分析中的利益相关者分析

（一）利益相关者分析

利益相关者是指与项目有利害关系的人、群体或机构。利益相关者分析在社会评价中用于辨认项目利益相关群体，分析他们对项目的实施及实现目标的影响。利益相关者分析一般按照以下四个步骤进行：① 识别利益相关者；② 分析利益相关者的利益所在以及项目对他们的利益所产生的影响；③ 分析各利益相关者的重要性和影响力；④ 为重要的利益相关者制订相应的参与方案。

1. 识别利益相关者

项目利益相关者一般划分为：① 项目受益人；② 项目受害人；③ 项目受影响人；④ 其他利益相关者，包括项目的建设单位、设计单位、咨询单位、与项目有关的政府部门与非政府组织。他们可能会对项目产生重大的影响，或者对项目能否达到预定目标起着十分重要的作用。

2. 分析利益相关者的利益构成

在对项目利益相关者进行识别之后，还需要对他们从项目实施中可能获得的利益以及可能对项目产生的影响进行分析。一般应重点分析以下问题：① 利益相关者对项目有什么期望？② 项目将为他们带来什么样的益处？③ 项目是否会对他们产生不利影响？④ 利益相关者拥有什么资源以及他们是否愿意和能够动员这些资源来支持项目的建设？⑤ 利益相关者有没有与项目预期目标相冲突的任何利害关系？

在许多情况下，一个项目对相关机构的影响程度可以通过分析二手数据来获得答案，而对有些群体和当地的群众的影响程度则可能需要进行实地调查访谈，才能获得答案。

3. 分析利益相关者的影响力

利益相关者按其重要程度分为以下几类：主要利益相关者，是指项目的直接受益者或直接受到损害的人；次要利益相关者，是指与项目的方案规划设计、具体实施等相关的人员或机构，如银行机构、政府部门、非政府组织等。对其影响力及其重要程度进行分析：① 权利和地位的拥有程度；② 组织机构的级别；③ 对战略资源的控制力；④ 其他非正式的影响力；⑤ 与其他利益相关者的权利关系；⑥ 对项目取得成功的重要程度。

4. 制订参与方案

在已获得利益相关者的相关信息、明晰了不同利益群体之间的关系之后，重点关注主要利益相关者，制订主要利益相关者参与项目方案制订、实施及管理等的方案。

（二）社区基层参与评价

1. 社区基层参与评价的活动

社区基层参与评价是调查当地人的期望、态度和偏好的一种方法，是在项目设计和实施阶段对当地社会情况和利益相关者的态度进行调查，识别所存在的社会问题，促进当地社会成员参与项目实施的一种重要手段，也是沟通项目规划者、实施者和利益相关者的一种重要方式。

社区基层参与评价的过程，重点强调以下活动：① 通过与当地人或家庭会面、召开小组讨论会或召开社区会议等方式，就与项目相关的问题展开讨论；② 使用各种辅助工具，以便让文化层次较低的社区群众参与到项目中去；③ 对问题、偏好、财富等进行排序；④ 采用趋势图表、日常活动表等分析有关社会经济活动的特征及其变动趋势。

2. 社区访谈

进行社区基层参与评价的基本方法是开展各类访谈，可以在一般个人、主要知情者和特定群体之间展开。访谈的提纲或形式应根据所调查问题的不同而有所区别。通过这种方式可以发现他们对一般的或敏感性问题的独特见解，还有可能收集一些一般公众访谈得不到的信息。访谈要想取得成功，必须让被访者坚信他所提供的信息将会被认真对待，这取决于他对访谈者的熟悉程度和信任情况。

3. 问题排序

对问题进行排序有多种方法，经常采用问题卡片的形式对问题进行排序。进行这项活动时，参与者每人拿两张卡片，选出他们认为比较而言问题最为严重的那张卡片，并记下不同参与者的选择结果，最后通过比较被选择次数来进行问题排序。

4. 偏好排序

偏好排序的方法类似于问题排序，一般需要绘制一个矩阵图，纵向表示受访者，横向表示各种偏好选项，要求参与者根据自己的评价来确定相应的选项，从而得到一个比较图表，从中判断参与者对不同选项的偏好，以便更好地理解不同群体的偏好倾向。

5. 财富排序

财富排序用于分析社区内不同群体的财富状况并进行排序，用以调查当地人对财富的观点，分析不同人群在社会经济发展中所处的层次。这种排序可以为抽样调查的分层抽样提供依据，也可用于识别贫困家庭。

（三）多因素综合评价方法

1. 矩阵分析总结法

矩阵分析总结法是将社会评价的各种定量和定性分析指标列入社会评价综合表（如表

8－5所示)中，在此基础上进行综合分析和总结评价。

表8－5　项目社会评价综合表

顺序	社会评价指标（定量与定性指标）	分析评价结果	简要说明(包括措施、补偿及其费用)
1			
2			
3			
…	…	…	…
	总结评价		

将各项定量与定性分析的单项评价结果列于矩阵表中，使各单项指标的评价情况一目了然。由评价人员对矩阵中所列的各项指标进行分析，阐明每一个指标的评价结果和它对整个项目社会可行性的影响程度。然后将一般可行且影响较小的指标逐步排除，重点考察和分析那些对项目影响大而且存在风险的问题，权衡利弊得失，研究说明对其的补偿措施情况。最后，进行分析和归纳，指出对项目社会可行性具有关键影响的决定性因素，评价项目的社会可行性，并提出规避社会风险的对策措施。

2. 多目标加权评价法

分析项目的社会可行性时通常要考虑项目的多个社会因素和目标的实现，并选用多目标决策分析评价的方法，根据定量与定性分析指标的重要程度，进行指标打分和加权计算，得出综合评价的结论。

复习思考题

1. 与建设投资项目的财务评价、经济评价等相比，社会评价有什么特点?
2. 进行社会评价时，要坚持什么原则?
3. 简述社会评价的目的和作用。
4. 通常对哪些项目进行社会评价? 这些项目具有什么特征?
5. 简述社会评价的主要内容和评价步骤。
6. 社会评价一般采用什么方法?
7. 通常情况下，所选取的社会评价指标应具有什么特征?
8. 利益相关者分析一般按照什么步骤进行?

第九章 建设项目不确定性分析

学习目标和要求

1. 熟悉和理解不确定性分析的目的和内容；

2. 掌握敏感性分析的内容和作用；

3. 掌握敏感性分析的方法与步骤，尤其是敏感度系数的计算以及通过敏感度系数和临界值如何判断哪些因素更敏感；

4. 掌握敏感性分析表和敏感性分析图的绘制；

5. 能够对简单案例进行敏感性分析；

6. 掌握盈亏平衡分析的内容和作用；

7. 掌握线性盈亏平衡分析的前提条件，能够使用公式法和图解法求解盈亏平衡点，掌握线性盈亏平衡分析的简单应用。

第一节 投资项目决策评价中的不确定性

一、不确定性因素产生的原因

产生不确定性因素的原因有很多，一般情况下，产生不确定性的主要原因有以下几点。

（1）所依据的基本数据不足或者统计偏差。这是指由于原始统计上的误差，统计样本点的不足，公式或模型的套用不合理等所造成的误差。比如说技术方案建设投资和流动资金是技术方案经济效果评价中重要的基础数据，但在实际中，往往会由于各种原因而高估或低估了它的数额，从而影响了技术方案经济效果评价的结果。

（2）预测方法的局限性，使预测的假设不准确。

（3）未来经济形势的变化。由于有通货膨胀的存在，会产生物价的波动，从而会影响技术方案经济效果评价中所用的价格，进而导致诸如年营业收入、年经营成本等数据与实际发生偏差；同样，市场供求结构的变化，会影响到产品的市场供求状况，进而对某些指标值产生影响。

（4）技术进步。技术进步会引起产品和工艺的更新换代，这样根据原有技术条件和生产水平所估计出的年营业收入、年经营成本等指标就会与实际值发生偏差。

（5）无法以定量来表示的定性因素的影响。

（6）其他外部影响因素，如政府政策的变化，新的法律、法规的颁布，国际政治经济形势的变化等，均会对技术方案的经济效果产生一定的甚至是难以预料的影响。

以上这些情况的不确定性，致使投资项目的评价结果具有不确定性。在评价中，如果我们想全面分析这些因素的变化对技术方案经济效果的影响是十分困难的，因此在实际工作中，往往要着重分析和把握那些对技术方案影响大的关键因素，以期取得较好的效果。

二、不确定性分析的内容

由于上述种种原因，技术方案经济效果计算和评价所使用的计算参数，诸如投资、产量、价格、成本、利率、汇率、收益、建设期限、经济寿命等，总是不可避免地带有一定程度的不确定性。不确定性的直接后果是使技术方案经济效果的实际值与评价值相偏离，从而给决策者带来风险。假定某技术方案的基准收益率 i_C 定为 8%，根据技术方案基础数据求出的技术方案财务内部收益率为 10%，由于内部收益率大于基准收益率，因此根据方案评价准则自然认为技术方案是可行的。但如果凭此就做出决策则是不够的，因为我们还没有考虑到不确定性问题。比如说如果在技术方案实施的过程中存在投资超支、建设工期拖长、生产能力达不到设计要求、原材料价格上涨、劳务费用增加、产品售价波动、市场需求量变化、贷款利率变动等，都可能使技术方案达不到预期的经济效果，导致财务内部收益率下降，甚至发生亏损。当内部收益率下降多于 2%时，技术方案就会变成不可行，此时实施技术方案就会有风险，如果不对这些进行分析，仅凭一些基础数据所做的确定性分析为依据来取舍技术方案，就可能会导致决策的失误。因此，为了有效地减少不确定性因素对技术方案经济效果的影响，提高技术方案的风险防范能力，进而提高技术方案决策的科学性和可靠性，除对技术方案进行确定性分析以外，对技术方案进行不确定性分析也很有必要。为此，应根据拟实施技术方案的具体情况，分析各种内外部条件发生变化或者测算数据误差对技术方案经济效果的影响程度，以估计技术方案可能承担不确定性的风险及其承受能力，确定技术方案在经济上的可靠性，并采取相应的对策力争把风险降低到最小限度。这种对影响方案经济效果的不确定性因素进行的分析称为不确定性分析。不确定性分析的方法一般包括敏感性分析和盈亏平衡分析。

第二节 敏感性分析

一、敏感性分析的作用与内容

敏感性分析是研究分析建设项目的投资、成本、价格、产量和工期等主要变量发生变化时，导致评价项目经济效益的主要指标发生变动的敏感程度。项目评价指标主要是项目内部收益率、净现值、投资收益率、投资回收期或偿还期。通过敏感性分析，要在诸多的不确定因素中，找出对经济效益指标反应敏感的因素，并确定其影响程度，计算出这些因素在一定范围内变化时，有关效益指标变动的数量，从而建立主要变量因素与经济效益指标之间的对应定量关系。

敏感性分析的做法通常是改变一种或多种不确定因素的数值，计算其对项目效益指标的影响，通过计算敏感度系数和临界点，估计项目效益对它们的敏感程度，进而确定关键的敏感因素。通常将敏感性分析的结果汇总于敏感性分析表，也可通过绘制敏感性分析图显示各种因素的敏感程度并求得临界点。最后对敏感性分析的结果进行分析并提出减少不确定因素影响的措施。

敏感性分析的主要作用是为了提高对建设项目经济效果评价的准确性和可靠性，降低投资风险。具体来说主要有以下几点：

（1）通过敏感性分析可研究相关因素的变动对建设项目经济效益评价指标的影响程度，即引起的经济效果评价指标的变动幅度和变动方向。

（2）通过敏感性分析找出影响建设项目经济效果的敏感因素，并确定其影响程度，建立变量因素与经济效益指标之间的对应定量关系(即敏感度系数)，进行项目投资风险估计，进一步分析与敏感性大的因素有关的预测或估算数据可能产生不确定性的根源，采取有效措施，进行重点监督和防范，找出防范风险的重点。

（3）通过敏感性分析和对比不同的项目方案对某关键因素的敏感程度，可区别不同项目方案对某关键因素的敏感性大小，进行排序，以便选取对关键因素敏感性小的方案，减小建设项目的风险性，粗略预测项目可能承担的风险，为进一步的风险分析打下基础。

（4）通过敏感性分析可找出项目方案的最好与最坏的经济效益的变化范围，使决策者全面了解建设项目投资方案可能出现的经济效益变动情况和风险程度，以便通过深入分析可能采取的某些有效控制措施，来选择最现实的项目方案或寻找替代方案，以减少或避免不利因素的影响，改善和提高项目的投资效果，为最后确定有效可行的投资方案提供可靠的决策依据。

（5）预测项目经济效益指标达到临界点时，主要变量因素允许变化的最大幅度(极限值)，如果超过此极限，就认为项目不可行。

敏感性分析包括单因素敏感性分析和多因素敏感性分析。单因素敏感性分析是指每次只改变一个因素的数值来进行分析，估算单个因素的变化对项目效益产生的影响；多因素分析则是同时改变两个或两个以上因素进行分析，估算多因素同时变化的影响。为了找出关键的敏感性因素，通常多进行单因素敏感性分析。

二、敏感性分析的方法与步骤

（一）选取不确定因素

进行敏感性分析首先要确定不确定因素并确定其偏离基本情况的程度。不确定因素是指那些在项目决策分析与评价过程中涉及的对项目效益有一定影响的基本因素。敏感性分析不可能也不需要对项目涉及的全部因素都进行分析，而只需是对那些可能对项目效益影响较大的重要的不确定因素进行分析。不确定因素通常根据行业和项目的特点，参考类似项目的经验特别是项目后评价的经验进行选择和确定。

通常对建设项目进行敏感性分析的因素包括建设投资、产出物价格、主要投入物价格、可变成本、运营负荷、建设期以及人民币汇率等，根据项目的具体情况也可选择其他因素。

（二）选取敏感性分析中项目效益指标

进行敏感性分析时，可选择一个或几个主要的效益指标。最基本的效益分析指标是内部收益率或净现值，根据项目的实际情况也可选投资回收期等其他评价指标。

通常财务评价的敏感性分析中必选的分析指标是项目投资财务内部收益率，经济评价中必选的分析指标是经济净现值或经济内部收益率。

（三）确定敏感性分析中不确定因素变化程度

一般是选择不确定因素变化的百分率，习惯上常选取±10%。为了作图的需要，可分别选取±5%、±10%、±15%、±20%等。对于不便用百分数表示的因素，例如建设期，可采用延长一段时间表示，如延长一年。

百分数的取值其实并不重要，因为敏感性分析的目的并不在于考察项目效益在某个具体的百分数变化下发生变化的具体数值，而只是借助它进一步计算敏感性分析指标，即敏感度系数和临界值。

（四）计算因不确定因素变动引起的效益指标的变动值

一般就所选定的不确定因素的变化幅度，计算与每级变动相对应的效益评价指标值，建立一一对应的数量关系。

（五）计算敏感性指标

1. 敏感度系数

敏感度系数是项目效益指标变化的百分率与不确定因素变化的百分率之比。敏感度系数高，表示项目效益对该不确定因素敏感程度高，提示决策者应重视该不确定因素对项目的影响。敏感度系数计算公式如下：

$$S_{AF}=\frac{\Delta A/A}{\Delta F/F}$$

式中，S_{AF}——敏感度系数；

$\Delta F/F$——不确定性因素 F 的变化率；

$\Delta A/A$——不确定性因素发生 ΔF 变化时，评价指标 A 的相应变化率。

$S_{AF}>0$，表示评价指标与不确定因素同方向变化；$S_{AF}<0$，表示评价指标与不确定因素反方向变化。S_{AF} 绝对值较大者敏感度系数高，即该因素较敏感。反之，则不敏感。据此可以找出哪些因素是最关键的因素。

2. 临界值

临界值是指不确定因素的极限变化，即该不确定因素使内部收益率等于基准收益率或净现值变为零时的变化率，也可以说是不确定因素的变化使项目由可行变为不可行的临界数值。当该不确定因素为费用科目时，临界值为其增加的百分率；当该不确定因素为效益科目时，临界值为其降低的百分率。

临界值的高低与设定的基准收益率有关，对于同一个投资项目，随着设定基准收益率的提高，临界值就会变低(即临界值表示的不确定因素的极限变化变小)；而在一定的基准收益率下，临界值越低，说明该因素对项目效益指标影响越大，项目对该因素就越敏感。

（六）将敏感性分析结果汇总于敏感性分析表或绘制敏感性分析图

1. 编制敏感性分析表

敏感性分析表见表 9-1。

表 9-1 敏感性分析表

序号	不确定因素	不确定因素变化率/(%)	财务内部收益率/财务净现值	敏感度系数	临界值
	基本方案	0			
1	建设投资	10			
		−10			
2	销售价格	10			
		−10			
3	原材料价格	10			
		−10			
4	汇率	10			
		−10			
5	生产负荷	10			
		−10			

2. 绘制敏感性分析图

根据敏感性分析表中的数值可以绘制敏感性分析图，如图 9-1 所示。

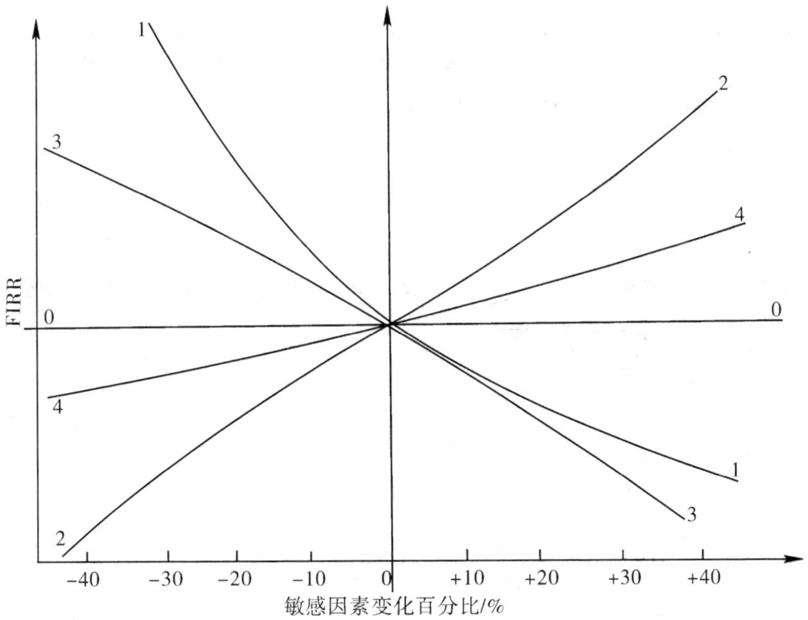

0—基本方案；1—建设投资；2—销售价格；3—原材料价格；4—生产负荷

图 9-1 敏感性分析图(以内部收益率作为评价指标)

具体做法是：

(1) 先将各个不确定因素的变化幅度或变化率作为横坐标，以某个评价指标，如内部收益率、净现值等作为纵坐标，绘制出直角坐标系。

(2) 根据敏感性分析的计算结果绘出各个不确定因素变化导致指标值变化的曲线(近似取直线)，该曲线可以明确表明项目效益指标变化受不确定因素变化的影响趋势，其中斜率绝对值较大的直线所代表的因素是敏感性因素。

(3) 作出项目分析指标的临界曲线。当分析指标是净现值时，临界值是 0，因此临界曲线就是横轴；当分析指标是财务内部收益率时，临界曲线就是平行于横轴的一条直线。绘出临界曲线之后，可以通过求解各个因素的敏感性曲线与临界曲线的交点得到每个因素变化的临界值，即该因素允许变动的最大幅度。

（七）对敏感性分析结果进行分析

(1) 找出较敏感因素。结合敏感度系数及临界点的计算结果，按不确定因素的敏感程度进行排序，找出哪些因素是较为敏感的不确定因素。其中敏感度系数较高者或临界值较低者为较敏感因素。

(2) 归纳敏感性分析的结论，粗略预测项目可能的风险。

[例 9-1] 设某项目基本方案的基本数据估算值如表 9-2 所示，试进行敏感性分析(基准收益率 $i_C=10\%$)。

表 9-2 基本方案的基本数据估算表

因素	建设投资	年销售收入	年经营成本	期末残值	计 算 期
估算值	1500 万元	600 万元	250 万元	200 万元	6 年

解：(1) 以建设投资、年销售收入、年经营成本为分析的不确定因素。

(2) 以项目的财务净现值为评价指标。

计算项目基本方案的财务净现值：

$$财务净现值=-1500+600(P/A,10\%,6)-250(P/A,10\%,6)+200(P/F,10\%,6)=137.26\ (万元)$$

(3) 计算不确定性因素销售收入、经营成本和建设投资发生±10%的变化时对财务净现值的影响，并计算它们的敏感度系数。

销售收入增加 10%，即 $\Delta F/F=10\%$时，有

$$\frac{\Delta A}{A}=\frac{(398.57-137.26)}{137.26}\times 100\%=190.37\%$$

则销售收入为

$$S_{AF}=\frac{\Delta A/A}{\Delta F/F}=\frac{190.37\%}{10\%}=19.04$$

同理，经营成本增加 10%时，$S_{AF}=-7.9$，$|S_{AF}|=7.9$；建设投资增加 10%时，$S_{AF}=-10.93$，$|S_{AF}|=10.93$。

由于销售收入 S_{AF}>经营成本 $|S_{AF}|$>建设投资 $|S_{AF}|$，所以财务净现值对年销售收入变化的反应最为敏感，其次是建设投资，最后是年经营费用。

(4) 计算各不确定性因素的临界值。

$$财务净现值为0时的销售收入=\frac{[1500+250(P/A,10\%,6)-200(P/F,10\%,6)]}{(P/A,10\%,6)}$$

$$=\frac{(1500+250\times4.3553-200\times0.5645)}{4.3553}=568.48\ (万元)$$

$$销售收入临界值=\frac{(568.48-600)}{600}=-5.25\%$$

同理可计算出年经营成本的临界值为 12.6%，建设投资的临界值为 9.14%。即当价格下降幅度超过 5.25%，投资额增加幅度超过 9.14%，或年经营成本增幅超过 12.6%时，财务净现值将小于 0，方案将变得不可行。

（5）编制敏感性分析表，如表 9-3 所示。

表 9-3　敏感性分析表

序号	不确定因素	不确定因素变化率/(%)	财务净现值/万元	敏感度系数	临界值/(%)
	基本方案	0	137.26		
1	销售收入	10	398.57	19.04	-5.25
		-10	-124.10	19.04	
2	经营成本	10	28.37	-7.9	12.60
		-10	246.14	-7.9	
3	建设投资	10	-12.74	-10.93	9.14
		-10	287.27	-10.93	

第三节　盈亏平衡分析

一、盈亏平衡分析的内容

盈亏平衡分析是在一定市场和经营管理条件下，研究分析项目成本费用与收益平衡关系的一种方法。随着某些因素的变化，企业的盈利与亏损会有个转折点，该点称为盈亏平衡点(BEP)。在这一点上，销售收入等于总成本费用，刚好盈亏平衡。

盈亏平衡点的表达形式有多种，可以用产量、产品售价、单位可变成本和年总固定成本等绝对量表示，也可以用某些相对值表示。在投资项目决策的经济评价中最常用的是以产量和生产能力利用率表示的盈亏平衡点。

二、盈亏平衡分析的作用

盈亏平衡分析就是要找出盈亏平衡点，考察企业(项目)对市场的适应能力和抗风险能力。一般来说，盈亏平衡点越低，表明企业适应市场变化的能力越大，项目盈利的可能性越大，抗风险的能力就越强。比如用产品售价表示的盈亏平衡点越低，表明企业适应市场价格下降的能力越强，抗风险能力越强。

三、盈亏平衡分析的方法

盈亏平衡分析可分为线性和非线性两种，在投资项目决策的经济评价中一般只进行线性盈亏平衡分析。

线性盈亏平衡分析要基于以下四个条件：

(1) 产量等于销售量，即当年生产的产品当年都销售出去。

(2) 产量变化，单位可变成本不变，从而总成本费用是产量的线性函数。

(3) 产量变化，产品售价不变，从而销售收入是销售量的线性函数。

(4) 只生产单一产品，或者生产多种产品，但多种产品可以换算为单一产品计算，也就是不同产品的变化是一致的。

基于以上条件，盈亏平衡分析有以下两种方法。

(一) 通过公式求解盈亏平衡点

盈亏平衡分析的基本方法就是建立成本与设计生产能力(年产量)、销售收入与设计生产能力(年产量)之间的函数关系，通过对这两个函数的分析，找出盈亏平衡点，即：

年销售收入＝(单位产品价格－单位产品销售税金及附加)×设计生产能力

年总成本费用＝年总固定成本＋单位产品可变成本×设计生产能力

当达到盈亏平衡点时：年销售收入＝年总成本费用，则盈亏平衡点可用以下公式表示。

1. BEP(生产能力利用率)

$$\text{BEP(生产能力利用率)} = \frac{\text{盈亏平衡点时的生产能力}}{\text{设计生产能力}} = \frac{\text{年总固定成本}}{(\text{单位产品价格}-\text{单位产品销售税金及附加}-\text{单位可变成本})\times\text{设计生产能力}}\times 100\% = \frac{\text{年总固定成本}}{(\text{年销售收入}-\text{年销售税金及附加}-\text{年总可变成本})}\times 100\%$$

经营安全率＝1－BEP(生产能力利用率)

平衡点时的生产能力利用率一般不应大于75%；经营安全率一般不应小于25%。

2. BEP(产量)

$$\text{BEP(产量)} = \frac{\text{年总固定成本}}{(\text{单位产品价格}-\text{单位产品销售税金及附加}-\text{单位可变成本})} = \text{BEP(生产能力利用率)}\times\text{设计生产能力}$$

3. BEP(产品售价)

$$\text{BEP(产品售价)} = \left(\frac{\text{年总固定成本}}{\text{设计生产能力}}\right) + \text{单位可变成本} + \text{单位产品销售税金及附加}$$

(二) 通过图解法求取盈亏平衡点

根据线性盈亏平衡分析中关于产量、成本(固定成本＋可变成本)以及产量、销售收入之间的关系，利用直角坐标系进行分析和求解。

在绘制盈亏平衡分析图，一般要进行以下几项工作：

(1) 选定直角坐标系：一般以销售收入或总成本费用为纵轴，产量为横轴；

(2) 固定成本线的绘制：在纵轴上找到固定成本的数值，再以此为起点，作一条平行于横轴的水平线作为固定成本线；

(3) 总成本线的绘制：从固定成本线的起始点开始，以单位变动成本数值为斜率，绘制总成本线；

(4) 销售收入线的绘制：以坐标原点为起点，以销售单价减去单位产品销售税金及附加为斜率，绘制出相应的销售收入线。

图 9-2 所示即为盈亏平衡分析图，图中销售收入线与总成本费用线的交点即为盈亏平衡点，这一点所对应的产量即为 BEP(产量)，也可换算为 BEP(生产能力利用率)。

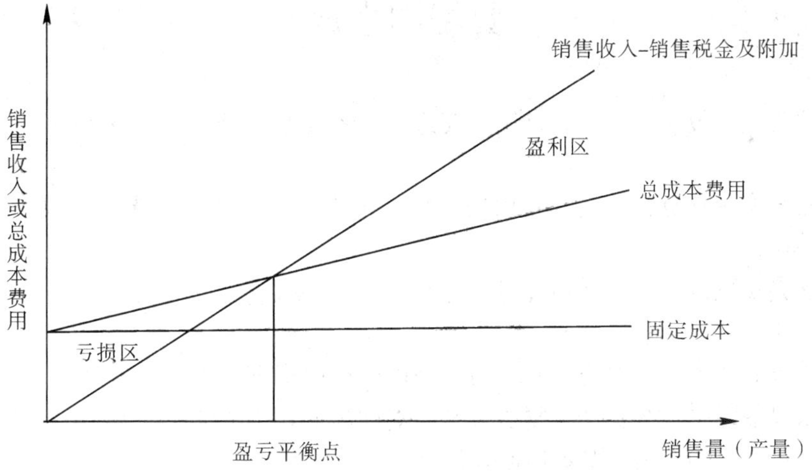

图 9-2 盈亏平衡分析图

[例 9-2] 某建设项目设计生产能力为 12 万吨，已知每吨产品的销售单价为 700 元，每吨应缴纳的销售税金及附加为 150 元，单位可变成本为 250 元，年总固定成本费用为 1 500 万元，求解该项目的盈亏平衡点。

解： BEP(产量)＝1 500÷(700－150－250)＝5 (万吨)

BEP(生产能力利用率)＝5÷12×100％＝41.67％

BEP(产品售价)＝1 500÷12＋250＋150＝525 (元/吨)

四、盈亏平衡分析的优缺点

1. 盈亏平衡分析的优点

盈亏平衡分析是对拟建项目进行不确定性分析的方法之一。其通过对一个项目的销量、成本以及利润之间的平衡关系进行分析计算，找出平衡点，有助于了解项目对市场需求、价格变化等方面的适应能力，掌握多种不确定性因素的变化对项目收支平衡的影响，进而让决策者清楚哪些环节或因素应给予重点关注。

另外，盈亏平衡分析还有助于了解项目可承受的风险程度。在作出正式投资决策之前，需要对项目的一些主要参数如销售量(产量)、售价、成本等作出决定；而另一方面，某些经济数据还不易确定，如总投资，收益率等，因此，用盈亏平衡分析法粗略地对高度敏感的产量、售价、成本、利润等因素进行分析，会有助于了解项目可能承担风险的程度。

2. 盈亏平衡分析的缺点

盈亏平衡分析的缺点也是比较明显的。一方面由于这种方法是建立在诸多假设之上，比如，对于销售量等于产量的假设，对于只生产单一产品的假设以及销售量、成本与收入之间的函数关系假设等。这些假设其实在实际中很难满足。因此，盈亏平衡分析的结果带有一定程度的不可信或不确定性。另外，有时需要在更高的盈利安全性与更大的盈利可能性之间做出选择，这方面盈亏平衡分析也是难以做到的。所以盈亏平衡分析只能作为对项目评价的辅助手段和工具。

复习思考题

1. 在建设项目投资决策中，为什么要进行不确定性分析？一般采用哪些方法进行不确定性分析？

2. 什么是敏感性分析？通常我们选取哪些不确定因素进行敏感性分析？敏感性分析要进行哪些步骤？

3. 什么是敏感度系数？如何计算？怎样通过敏感度系数来对选取的不确定因素的敏感性进行排序？

4. 什么是临界值？如何通过临界值来判断哪些因素更敏感？

5. 什么是盈亏平衡分析？根据盈亏平衡点的高低，可以判断出项目的哪些特性？

6. 进行盈亏平衡分析，需要具备哪几个前提条件？

7. 盈亏平衡分析可采用哪些方法？需要计算的指标是什么？

第十章　建设项目风险分析

学习目标和要求

1. 正确理解不确定性与风险的关系；
2. 掌握不确定性分析与风险分析的联系与区别；
3. 熟悉风险分析的作用，掌握风险分析的程序和内容。

第一节　不确定性与风险

风险是指由于某些随机因素引起的预期效果与实际结果之间有差异，经济主体遭受损失的不确定性。经济活动中存在风险。

因此不确定性与风险之间存在一定的关系，既有联系又有区别。

一、不确定性与风险的关系

（一）不确定性与风险的联系

1. 不确定性是风险的起因

人们对未来事物了解的局限性，可获得信息的不完备性以及未来事物本身的不确定性使得未来经济活动的实际结果偏离预期目标，这就形成了经济活动结果的不确定性，从而使经济活动的主体可能得到高于或低于预期的效益，甚至遭受一定的损失，导致经济活动“有风险”。

2. 不确定性与风险总是相伴而生

正是由于不确定性是风险的起因，所以导致不确定性与风险总是相伴而生。

（二）不确定性与风险的区别

1. 可否量化

风险是可以量化的，即其发生的概率是已知的或通过努力可以知道的；而不确定性是不可以量化的。风险分析可以采用概率分析方法，分析各种情况发生的概率及其影响；不确定性分析只能进行假设分析，假定某些因素发生后，分析不确定因素对项目的影响。

2. 可否保险

风险是可以保险的，而不确定性是不可以保险的。由于风险概率是可以知道的，理论上保险公司就可以计算确定的保险收益，从而提供有关保险产品。

3. 概率可获得性

不确定性的发生概率未知；而风险的发生概率是可知的，是可以测定的，可以用概率分布来描述。

4. 影响大小

不确定性代表不可知事件，因而有更大的影响。而如果同样事件可量化风险，则其影响可以防范并得到有效的降低。

尽管在投资项目决策的分析与评价中已尽可能对基本方案各方面做了详尽的研究，但由于预测结果的不确定性，项目经营的将来状况会与设想状况发生偏离，项目实施后的实际结果可能与预测的基本方案结果产生偏差，有可能使实际结果低于预期，因而使投资项目面临潜在的风险。

二、不确定性分析与风险分析

不确定性分析是对影响项目的不确定性因素进行分析，测算它们的增减变化对项目效益的影响，找出最主要的敏感因素及其临界值的过程；而风险分析则是识别风险因素、估计风险程度、评价风险影响并制订风险对策的过程。

正如“不确定性”与“风险”的关系一样，不确定性分析与风险分析也是既有联系又有区别。

1. 不确定性分析与风险分析的联系

首先两者的目的是共同的，都识别、分析、评价影响项目的主要因素，防范不利影响，提高项目的成功率。由不确定性分析的敏感性分析可以得知影响项目效益的敏感因素和敏感程度，但不知道这种影响发生的可能性，如需得知可能性，就必须借助于概率分析。而敏感性分析所找出的敏感因素又可以作为概率分析风险因素的确定依据。

2. 不确定性分析与风险分析的区别

二者的区别主要在于分析方法的不同。不确定性分析是对投资项目受不确定因素的影响进行分析，并粗略地了解项目的抗风险能力，主要方法是敏感性分析和盈亏平衡分析；风险分析则要对投资项目的风险因素和风险程度进行识别和判断，主要方法有概率树分析等。

第二节 风险分析

一、风险分析的作用

投资项目不但要耗费大量资金、物资和人力等宝贵资源，且具有一次性和固定性的特点，一旦建成，难于更改。因此相对于建设投资项目而言，投资项目的风险尤为值得关注。但只要能在决策前正确地认识到相关的风险，并在实施过程中加以控制，大部分风险是可以降低和防范的。正是基于降低和防范建设投资项目风险的目的，在建设项目投资前期工作中一定要加强风险分析。

二、风险分析的程序

建设投资项目可能会面临各种各样的风险，在项目的不同阶段涉及的风险会有所不同，在建设项目投资决策的经济评价中主要是围绕项目前期研究阶段涉及的风险进行分析。

建设项目决策中的风险分析应遵循以下程序：首先，识别风险因素，然后根据需要和可能选择适当的方法估计风险发生的可能性及其影响；其次，按照一个标准评价风险程度，可以只对单个风险因素的风险程度进行估计，也可以对项目整体风险进行估计；最后，提出针对性的风险对策，将项目风险进行归纳，提出风险分析结论。即风险分析的程序包括风险识别、风险估计、风险评价、风险对策。

三、风险分析的内容

（一）风险因素的识别

1. 建设投资项目风险基本特征和识别原则

建设投资项目风险基本特征和识别原则包括如下几点：

（1）具有不确定性和可能造成损失是风险的最基本特征，要从这个基本特征入手去识别风险因素；

（2）建设投资项目的风险具有阶段性，在项目的不同阶段存在的主要风险有所不同，识别风险因素要考虑其阶段性；

（3）建设投资项目风险依行业不同具有特殊性，因此风险因素的识别要注意针对性，强调具体项目具体分析；

（4）建设投资项目具有相对性，对于项目的有关各方可能会有不同的风险，或者同样的风险因素对不同方面体现出的影响大小不同。

2. 建设投资项目的常见风险因素

1）市场风险

市场风险是竞争性项目常遇到的重要风险。它的损失主要表现在产品销路不畅，产品价格低迷等，以至产量和销售收入达不到预期的目标。市场方面涉及的风险因素较多，可分层次加以识别。市场风险一般来自四个方面：一是由于消费者的消费习惯、消费偏好发生变化，使得市场需求发生重大变化，导致项目的市场出现问题，市场供需总量的实际情况与预测值发生偏离；二是由于市场预测方法或数据错误，导致市场需求分析出现重大偏差；三是市场竞争格局发生重大变化，竞争者采取了进攻策略。或者出现了新的竞争对手，对项目的销售产生重大影响；四是由于市场条件的变化，项目产品和主要原材料的供应条件和价格发生较大变化，对项目的效益产生了重大影响。

2）技术与工程风险

技术方面的风险因素主要有：对技术的适用性和可靠性认识不足，运营后达不到生产能力、质量不过关或消耗指标偏高，特别是高新技术开发项目这方面的风险更大。另外，工艺技术与原材料的匹配问题也是考察的风险因素。

对于矿山、铁路、港口、水库等建设项目，工程地质情况十分重要。但限于技术水平有可能勘探不清，致使在项目的生产运营甚至施工中出现问题，造成经济损失。因此在地质情况复杂的地区，应慎重对待工程地质风险因素。

3）组织管理风险

管理风险是指由于项目管理模式不合理，项目内部组织不当、管理混乱或者管理者能力不足等，导致投资大量增加、项目不能按期建成投产造成损失的可能性。其风险因素包括项目采取的管理模式、组织与团队合作以及主要管理者的道德水平等。因此，合理设计项目的管理模式、选择适当的管理者和加强团队建设是规避管理风险的主要措施。

组织风险是指由于项目存在众多参与方，各方的动机和目的不一致导致的项目合作风险，影响项目的进展和项目目标的实现，还包括项目组织内部对项目的理解、态度和行动的不一致而产生的风险。完善项目各参与方的合同，加强合同管理，可以降低项目的组织风险。

4）政策风险

政策风险主要是指国内外政治经济条件发生重大变化或者政策调整导致项目原定目标难以实现的可能性。项目是在一个国家或地区的社会经济环境中存在的，由于国家或地方各种政策的调整变化，如经济政策、产业政策、技术政策等，都会对项目带来各种影响。

如产业政策的调整，国家对某些过热的行业进行限制并相应调整信贷政策，收紧银根，提高利率等，将导致企业融资的困难，可能带来项目的停工甚至破产。

5）环境与社会风险

环境风险是由于对项目的环境生态影响分析深度不足，或者是环境保护措施不当，引起项目的环境冲突，带来重大的环境影响，从而影响项目的建设和运营。

社会风险是指由于对项目的社会影响估计不足，或者项目所处的社会环境发生变化，给项目建设和运营带来困难和损失的可能性。有的项目因选址不当，或者因对项目受损者的补偿不足，都可能导致当地的单位和居民的不满和反对，从而影响项目的建设和运营。

6）其他风险

对于某些项目，还要考虑其特有的风险因素。例如：对于矿山、油气开采等资源开发项目，资源风险是很重要的风险因素。对于投资巨大的项目，还存在融资风险，由于资金供应不足或者来源中断导致建设工期拖延甚至被迫终止建设。大量消耗原材料和燃料的项目，还存在原材料供应量、价格和运输保障等方面的风险等。

上面只是列举出建设项目投资可能存在的一些风险因素，但并非涵盖项目的全部风险因素，也并非每个建设项目投资都同时存在这么多风险因素，在某个建设项目中可能只有其中的几种，要根据具体情况予以识别。

（二）风险估计

风险估计是估计风险发生的可能性及其对项目的影响。建设投资项目涉及的风险因素有些是可以量化的，可以通过定量分析的方法对它们进行分析；同时客观上也存在着许多不可量化的风险因素，它们有可能给项目带来更大的风险，所以有必要对不可量化的风险进行定性描述。因此可知风险估计应采取定性描述与定量分析相结合的方法。

风险估计的方法包括风险概率估计方法和风险影响估计方法两类，前者可分为主观估计和客观估计，后者有概率树分析、蒙特卡洛模拟等方法。

（三）风险评价

风险评价是在风险估计的基础上，通过相应的指标体系和评价标准，对风险程度进行评价，以揭示影响项目成败的关键风险因素，以便针对关键风险因素采取防范对策。

1. 风险程度等级分类

为了评价风险的大小，一般都要对风险程度进行分级。按照风险因素对项目影响程度和风险发生的可能性大小进行划分，风险程度等级分为一般风险、较大风险、严重风险和灾难性风险。

（1）一般风险。风险发生的可能性不大，或者即使发生，造成的损失较小，一般不影响项目的可行性。

（2）较大风险。风险发生的可能性较大，或者发生后造成的损失较大，但造成的损失程度是项目可以接受的。

（3）严重风险。有两种情况，一是风险发生的可能性大，风险造成的损失大，使项目由可行变为不可行；二是风险发生后造成的损失严重，但是风险发生的概率很小，采取有效的防范措施，项目仍然可以正常实施。

（4）灾难性风险。风险发生的可能性很大，一旦发生将产生灾难性后果，项目无法承受。

2. 风险评价方法

风险评价包括单因素风险评价和整体风险评价。单因素风险评价即评价单个风险因素对项目的影响程度，以找出影响项目的关键风险因素，评价方法主要有风险概率矩阵、专家评价法等；项目整体风险评价，即综合评价若干主要风险因素对项目整体的影响程度，对于重大投资项目或估计风险很大的项目，应进行投资项目整体风险分析。

（四）风险对策

投资项目的建设是一种大量耗费资源的经济活动，投资决策的失误将引起不可挽回的损失。在建设项目投资决策前的分析与评价中，不仅要了解项目可能面临的风险，且要提出针对性的风险对策，避免风险的发生或将风险损失降低到最小，才能有助于提高投资的安全性，促使项目获得成功。

在建设项目投资决策的分析与评价阶段应考虑的风险对策主要有以下几种。

1. 风险回避

风险回避是彻底规避风险的一种做法，即断绝风险的来源。对投资项目可行性研究而言就意味着提出推迟或否决项目的建议。在可行性研究过程中通过信息反馈彻底改变原方案的做法也属风险回避方式。例如风险分析显示产品市场方面存在严重风险，若采取回避风险的对策，就会做出缓建(待市场变化后再予以考虑)或放弃项目的决策。这样固然避免了可能遭受损失的风险，但同时也放弃了投资获利的可能。因此风险回避对策的采用一般都是很慎重的，只有在对风险的存在与发生及对风险损失的严重性有把握的情况下才有积极意义。所以风险回避一般适用于以下两种情况，其一是某种风险可能造成相当大的损失，且发生的频率较高；其二是应用其他的风险对策防范风险代价昂贵，得不偿失。

2. 风险控制

风险控制是针对可控性风险采取的防止风险发生、减少风险损失的对策，也是绝大部分项目应用的主要风险对策。可行性研究报告的风险对策应十分重视风险控制措施的研究，应就识别出的关键因素逐一提出技术上可行、经济上合理的预防措施，以尽可能低的风险成本来降低风险发生的可能性并将风险损失控制为最小。在可行性研究过程中，风险对策研究提出的风险控制措施运用于方案的再设计；在可行性研究完成后，风险对策研究可针对决策、设计和实施阶段提出不同的风险控制措施，以防患于未然。

风险控制措施必须针对项目具体情况提出，既可以是项目内部采取的技术措施、工程措施和管理措施等，也可以采取向外分散的方式来减少项目承担的风险。例如银行为了减少自己的风险，只贷给投资项目所需资金的一部分，让其他银行和投资者共担风险。在资本筹集中采用多方出资的方式也是风险分散的一种方法。

3. 风险转移

风险转移是将项目业主即将面临的风险转移给他人承担，以避免风险损失的一种方法。转移风险有两种方式，一是将风险源转移出去，二是只把部分或全部风险损失转移出去。

就投资项目而言，第一种风险转移方式是风险回避的一种特殊形式，例如把已做完前期工作的项目转给他人投资，或将其中风险大的部分转给他人承包建设或经营。

第二种风险转移方式又可细分为保险转移方式和非保险转移方式两种。保险转移是采取向保险公司投保的方式将项目风险损失转嫁给保险公司承担，例如对某些人力难以控制的灾害性风险就可以采取保险转移方式。非保险转移方式是项目前期工作涉及较多的风险对策时，如采用新技术可能面临较大的风险等，在可行性研究中可以提出在技术合同谈判中加上保证性条款，如达不到设计能力或设计消耗指标时的赔偿条款等，可以将风险损失全部或部分转移给技术转让方，在设备采购和施工合同中也可以采用转嫁部分风险的条款。

4. 风险自担

风险自担就是将风险损失留给项目业主自己承担。这适用于两种情况：一是已知有风险但由于可能获利而需要冒险时，必须保留和承担这种风险，例如，资源开发项目和其他风险投资项目；另一种情况是已知有风险，但若采取某种风险措施，其费用支出会大于自担风险的损失时，常常主动自担风险。通常适用于风险损失小，发生频率高的风险。

以上所述的风险对策不是互斥的，实践中常常组合使用。例如在采取措施降低风险的同时并不排斥其他的风险对策，例如向保险公司投保。在可行性研究中应结合项目的实际情况，研究并选用相应的风险对策。

（五）风险分析结论

在完成风险识别和评估后，应归纳和综述项目的主要风险，说明其起因、程度和可能造成的后果，以全面、清晰地展现项目的主要风险。同时将风险对策研究结果进行汇总，编制“风险与对策汇总表”，其格式可参照表 10－1。

表 10 - 1　风险与对策汇总表

序号	主要风险	风险起因	风险程度	后果与影响	主要对策
1	A				
2	B				
3	…				

复习思考题

1. 不确定性与风险之间有什么关系？

2. 不确定性分析与风险分析有什么联系与区别？

3. 风险分析要按照什么程序进行？

4. 投资项目在进行风险分析时，应采用哪些原则来识别风险因素？常见的风险因素有哪些？

5. 如何进行风险程度的等级划分？

6. 在建设项目投资决策的分析与评价阶段，应采用哪些主要的风险防范对策？

第十一章 工程方案经济比选

学习目标和要求

1. 掌握方案经济比选的原则；
2. 正确理解和掌握独立型方案、互斥型方案、层混型方案的含义；
3. 掌握和运用互斥型方案、独立型方案及层混型方案的比选方法。

第一节 工程方案经济比选的原理

一、方案经济比选的目的

技术方案的经济比选是寻求合理的建设和技术方案的必要手段，是项目评价的重要内容和组成部分。在建设项目可行性研究中所进行的各项主要经济和技术决策，如工厂生产规模、产品结构、工艺流程和主要设备选择，原材料、燃料和动力供应方式的确定，厂区和厂址的选择、工场布置及资金筹措等，均应根据实际情况提出各种可能的备选方案进行筛选，并对筛选出的若干方案进行经济对比分析计算，并结合其他因素进行详细论证，最终选择出能最有效地分配和使用有限的资源与资金，以获得能够取得最佳投资效益的建设方案。因此，工程方案经济比选是项目评价的前提和核心内容。

二、方案经济比选的原则

方案经济比选的原则包括如下几种：

(1) 重大基础设施和公益性项目的方案比较，原则上应通过经济评价和综合评价来确定。

(2) 方案比选应遵循效益与费用计算口径对应一致的原则。

(3) 方案必须具有共同的既定目标，对于目标不同的方案或是不能满足最低效果要求的方案不可进行比较。

(4) 方案比选应注意各个方案之间的可比性：

① 服务年限即计算期应相同。如有不同应设法在相同期间内进行对比，或采用年值法计算。

② 计算的基础资料可比，包括设备价格、材料价格及工资单价等价格指标要相同。各种消耗指标应采用同一资料，投资估算应采用统一估算依据。

③ 设计深度相同，即各设计方案的详细程度相同，效益与费用的计算范围一致。

④ 经济计算方法相同。

三、项目（方案）之间的关系

投资主体所面临的项目（方案）选择往往不是单独一个项目，而是一个项目群，其追求的不是单一项目（方案）的局部最优，而是项目群的整体最优。系统理论认为，单独每一个项目的经济性往往不能反映整个项目群的经济性。因此，投资主体在进行项目群选择时，除考虑每个项目（方案）的经济性之外，还必须分析各项目（方案）之间的相互关系。项目（方案）的相互关系分为以下三种类型。

1. 独立型项目（方案）

独立型项目（方案）是指项目（方案）的采纳与否只受自身条件的制约，方案之间具有相容性，不具有排斥性。也就是说，在独立型项目（方案）中，选择某一项目（方案）并不排斥选择另一个项目（方案），它们在经济上互不相关，接受或放弃某个项目（方案），并不影响其他项目（方案）的取舍。这些项目可以共存，而且投资、经营成本与收益具有可加性。

2. 互斥型项目（方案）

互斥型项目（方案）指项目（方案）之间具有互不相容性即相互排斥性。在互不相容的项目（方案）中，能够任选一个并且只能选择一个，一旦选中任意一个项目（方案），其他项目（方案）就必须放弃。

3. 层混型项目（方案）

层混型项目（方案）是指项目（方案）群内有两个层次，高层次是一组独立型项目（方案），而每个独立项目（方案）又有若干互斥型项目（方案）实现。例如，某企业拟投资两个相互独立的项目，A 项目新增两条生产线，B 项目治理厂区污染。新增生产线，可以采用方案 A_1，投资上新项目；也可以采用方案 A_2，进行技术改造，而治理污染也可能有三个方案：B_1、B_2、B_3，这就是层混型投资项目。

在实际工作中，工程技术人员遇到的多为互斥型项目（方案）的选择，高层计划部门遇到的多为独立型项目（方案）或层混型项目（方案）的选择。

第二节　工程方案经济比选的方法

无论项目群中的项目是何种关系，项目经济评价的原则只有一个：最有效地分配有限的资金，以获得最好的经济效益，即有限投资总额的总体净现值最大，这就需要根据不同的项目关系和类型选择和使用正确简单的评价方法。

一、互斥型方案的比选

互斥型方案的比选分为计算期相同和计算期不同两种情况。

（一）计算期相同的互斥型方案比选

1. 差额投资内部收益率（ΔIRR）法

差额投资内部收益率又称增量投资内部收益率，也叫追加投资内部收益率，是指两个互斥方案各年净现值流量差额的现值之和等于零时的折现率。

(1) 财务评价时，其表达式为

$$\sum_{t=0}^{n}[(CI-CO)_2-(CI-CO)_1]_t(1+\Delta FIRR)^{-t}=0$$

式中，ΔFIRR——差额投资财务内部收益率；

$(CI-CO)_2$——投资多的方案的年净现金流量；

$(CI-CO)_1$——投资少的方案的年净现金流量。

(2) 经济评价时，其表达式为

$$\sum_{t=0}^{n}[(B-C)_2-(B-C)_1]_t(1+\Delta EIRR)^{-t}=0$$

式中，ΔEIRR——差额投资经济内部收益率；

$(B-C)_2$——投资大的方案的年净效益流量；

$(B-C)_1$——投资小的方案的年净效益流量。

进行方案比选时，当 $\Delta FIRR \geqslant i_C$(财务基准收益率或要求达到的收益率)或 $\Delta EIRR \geqslant i_s$(社会折现率)时，投资大的方案为优；当 $\Delta FIRR < i_C$ 或 $\Delta EIRR < i_s$ 时，投资小的方案为优。

多个方案进行比较时，要先按投资额由小到大排序，然后将相邻方案两两比较，从中选出最优方案。

[例 11-1] 某工业项目投资计划有四个投资建设方案。每一个方案的财务现金流量情况见表 11-1。若假定该项目所在行业的财务基准收益率为 15%，试用差额投资内部收益率法比较和选择最优投资方案。

表 11-1 各投资方案财务现金流量表 万元

投资方案	建设期/年份		生产期/年份		
	1	2	3	4～15	16
甲	−2024	−2800	500	1100	2100
乙	−2800	−3000	570	1310	2300
丙	−1500	−2000	300	700	1300
丁	−1600	−2700	460	1000	1600

解：计算四个方案的投资额：

甲＝2024＋2800＝4824 (万元)，乙＝2800＋3000＝5800 (万元)

丙＝1500＋2000＝3500(万元)，丁＝1600＋2700＝4300 (万元)

按方案投资额由小到大排序，即丙＜丁＜甲＜乙。

计算丙、丁两方案的差额投资财务内部收益率，ΔFIRR＝31.34%＞15%，则丁方案优于丙方案。

计算丁、甲两方案的差额投资财务内部收益率，ΔFIRR＝14.26%＜15%，则丁方案优于甲方案。

计算甲、乙两方案的差额投资财务内部收益率，ΔFIRR＝15.08%＞15%，则乙方案优于甲方案。

经过一系列比选，可得出丁方案优于甲、丙方案，乙方案优于甲方案，丁、乙方案哪个更优还需进一步比选。

计算丁、乙两方案的差额投资财务内部收益率，ΔFIRR＝14.77%＜15%，则丁方案优于乙方案，丁方案是最理想的投资方案。

2. 净现值(NPV)法

净现值法就是将分别计算的各方案的净现值进行比较，以净现值大的方案为优。不过比较的前提必须是各方案净现值均大于零，及各方案均要可行，计算公式为

$$NPV=\sum_{t=0}^{n}(CI-CO)_t(1+i_c)^{-t}>0$$

式中，各符号含义与前边公式一致。

［**例 11－2**］　某市政府拟建一座污水处理厂，以提高该市的污水处理能力。该市政府委托某咨询机构负责项目的可行性研究工作，该咨询机构提出 A、B 两个方案，并测算了两个方案的财务净现金流量，如表 11－2 所示。

表 11－2　A、B 两方案的财务净现金流量　　　　万元

年份	1	2	3	4～10
A 方案净现金流量	－35 000	4000	5000	6600
B 方案净现金流量	－26 000	3000	5000	5600

如采用净现值法，咨询工程师应推荐哪个方案？(财务基准收益率取 6%。)

解：A 方案净现值：

$$NPV=-35\,000\times(P/F,6\%,1)+4000\times(P/F,6\%,2)+5000\times(P/F,6\%,3)+6600\times(P/A,6\%,7)\times(P/F,6\%,3)$$
$$=5673.09\text{ (万元)}$$

B 方案净现值：

$$NPV=-26\,000\times(P/F,6\%,1)+3000\times(P/F,6\%,2)+5000\times(P/F,6\%,3)+5600\times(P/A,6\%,7)\times(P/F,6\%,3)$$
$$=8586.71\text{ (万元)}$$

则 A 方案 NPV＞0，B 方案 NPV＞0，即 A、B 方案在经济效果上均是可行的，且 B 方案净现值大于 A 方案净现值，所以应推荐 B 方案。

3. 费用现值(PC)法

在对多个方案进行比选时，如果各个方案效益相同或效益基本相同，又难以具体估算效益，或各个方案能提供相同服务或能满足相同需要，则可通过对各方案的费用比较进行选择，即采用费用现值法比选。判别的准则就是：费用现值最小的为相对最优方案。

在实际工作中，我们经常会遇到这样一类问题：在水力发电和火力发电之间、在铁路运输和公路运输之间进行方案选择。无论选择哪一种方案，其效益或效果是相同的。这时只需考虑比较方案的费用大小，费用最小的方案就是最好的方案。

［**例 11－3**］　项目生产需购进某类型设备，三种具有同样功能的设备，使用寿命均为 10 年。初始投资、年经营费用及期末回收余值见表 11－3，假定折现率为 10%，试比较哪种设备更经济。

表 11－3　设备投资及费用表　　万元

设备	初始投资	年经营费用	期末回收余值
A	240	25	7
B	280	18	8
C	300	13	10

解：三种设备功能相同、寿命相等，所以可以采用费用现值法选优。

$PC(A)=240+25\times(P/A,\ 10\%,\ 10)-7\times(P/F,10\%,10)=390.92$(万元)

$PC(B)=280+18\times(P/A,\ 10\%,\ 10)-8\times(P/F,10\%,10)=387.52$(万元)

$PC(C)=300+13\times(P/A,\ 10\%,\ 10)-10\times(P/F,10\%,10)=376.02$(万元)

由计算可知 C 设备费用现值最小，所以选 C 设备最经济。

(二) 计算期不同的互斥型方案比选

计算期不同的方案，由于时间的不可比性，不能直接进行比较，必须采用一定的方法，使其比较的时间相一致，通常可以采用计算期统一法或净年值法进行方案的比选。

1. 计算期统一法

计算期统一法就是为计算期不等的比选方案选定一个共同的计算期进行分析，在此基础上再对方案进行比选。通常采用以下两种方法：

(1) 最小公倍数法，也称方案重复法。以各个备选方案计算期的最小公倍数作为共同的计算期，将各方案计算期各年净现金流量进行重复，直到与最小公倍数计算期相等，然后计算净现值、差额投资内部收益率、费用现值等指标，进行方案比选。

(2) 最短计算期法，也称研究期法。与延长计算期以达到时间可比性要求的最小公倍数法相反，最短计算期法通过缩短较长计算期来满足时间可比性的要求，一般是选择方案中最短的计算期作为各方案的共同计算期。以净现值为例，总结公式如下：

$$NPV'_1=NPV_1$$

$$NPV'_2=NPV_2\times(A/P,i,\ n_2)\times(P/A,i,\ n_1)$$

式中：n_1——较短计算期方案的计算期；

n_2——较长计算期方案的计算期。

［**例 11－4**］　某总承包企业拟开拓某城市工程承包市场，经调查该市目前有 A、B 两个 BOT 工程项目要招标，试分别采用最小公倍数法和最短计算期法为该企业选择投标的项目。假定财务基准收益率是 6%，A、B 两个项目投资与收益数据见表 11－4。

表 11－4　A、B 两个项目投资与收益数据表　　万元

项目名称	初始投资	运营期每年收益		
		1～5 年	6～10 年	11～15 年
A 项目	10 000	2000	2500	—
B 项目	7000	1200	1500	2000

解：(1) 最小公倍数法。计算期的最小公倍数为 30 年，采用净现值比较。

$$NPV(A)=-10000+2000\times(P/A,6\%,5)+2500\times(P/A,6\%,5)\times(P/F,6\%,5)-10000\times(P/F,6\%,10)+2000\times(P/A,6\%,5)\times(P/F,6\%,10)+2500\times(P/A,6\%,5)\times(P/F,6\%,15)-10000\times(P/F,6\%,20)+2000\times(P/A,6\%,5)\times(P/F,6\%,20)+2500\times(P/A,6\%,5)\times(P/F,6\%,25)=11\ 772.52\text{（万元）}$$

$$NPV(B)=-7000+1200\times(P/A,6\%,5)+1500\times(P/A,6\%,5)\times(P/F,6\%,5)+2000\times(P/A,6\%,5)\times(P/F,6\%,10)-7000\times(P/F,6\%,15)+1200\times(P/A,6\%,5)\times(P/F,6\%,15)+1500\times(P/A,6\%,5)\times(P/F,6\%,20)+2000\times(P/A,6\%,5)\times(P/F,6\%,25)=10\ 603.49\text{（万元）}$$

A、B 两个项目净现值均大于 0，且 A 项目优于 B 项目。

(2) 最短计算期法，计算期应取 10 年。

$$NPV(A)=-10000+2000\times(P/A,6\%,5)+2500\times(P/A,6\%,5)\times(P/F,6\%,5)=6295.29\text{（万元）}$$

$$NPV(B)=[-7000+1200\times(P/A,6\%,5)+1500\times(P/A,6\%,5)\times(P/F,6\%,5)+2000\times(P/A,6\%,5)\times(P/F,6\%,10)]\times(A/P,6\%,15)\times(P/A,6\%,10)=5669.42\text{（万元）}$$

计算结果表明，A 项目更优。

2. 净年值法

在对计算期不等的互斥方案进行比选时，净年值法是最简便的方法，即把每个比选方案的净现值求出后转化成年值，公式如下所示：

$$NAV=NPV\times(A/P,i,n)$$

[例 11-5] 将例 11-4 采用净年值法进行比选，企业应选择投标哪个项目？

解：

$$NAV(A)=[-10\ 000+2000\times(P/A,6\%,5)+2500\times(P/A,6\%,5)\times(P/F,6\%,5)]\times(A/P,6\%,10)=792.39\text{（万元）}$$

$$NAV(B)=[-7000+1200\times(P/A,6\%,5)+1500\times(P/A,6\%,5)\times(P/F,6\%,5)+2000\times(P/A,6\%,5)\times(P/F,6\%,10)]\times(A/P,6\%,15)=770.29\text{（万元）}$$

与例 11-4 两方法结论一致，仍应投标 A 项目。

二、独立型方案比选

独立型方案的比选指在资金有约束的条件下选择一组项目组合，以便获得最大的总体效益，即项目组合中各项目净现值之和最大。有资金约束条件下的优化组合问题常见的基本解决方法是互斥组合法。

如果采用排列组合的方法把各独立项目都组合成相互排斥的方案，其中每一个组合方案代表一个相互排斥的组合，就可以利用前面互斥方案的比较方法，选择相对最优的组合方式。

[例 11-6] 某企业经过调研发现有三个独立的投资方案 A、B、C，各方案的期初投资及年净收益见表 11-5，假定基准收益率为 10%，寿命期均为 10 年，现企业可用于投资的资金为 300 万元，应如何选取方案？

表 11-5 投资方案 A、B、C 的期初投资及年净收益 万元

方案	期初投资	年净收益
A	120	25
B	150	37
C	200	48

解：先计算各方案的净现值：

NPV(A)＝－120＋25×(P/A，10%，10)＝33.62（万元）

NPV(B)＝－150＋37×(P/A，10%，10)＝77.35（万元）

NPV(C)＝－200＋48×(P/A，10%，10)＝94.94（万元）

三个独立方案可组合出 2^3 即 8 个互斥的方案组合，将组合列于表 11-6。

表 11-6 组合方案期初投资、年净收益及净现值 万元

组合方案号	组合方式	期初投资	年净收益	净现值
1	0	0	0	0
2	A	120	25	33.62
3	B	150	37	77.35
4	C	200	48	94.94
5	AB	270	62	110.97
6	AC	320	73	128.56
7	BC	350	85	172.29
8	ABC	470	110	205.91

根据表 11-6，组合方案 6、7、8 投资总额均超过 300 万元，所以不予考虑。剩下的 5 个组合中，第 5 个组合方案即 AB 组合净现值最大，所以 AB 组合为相对最优方案组合。

三、层混型方案比选

层混型方案本身的组成就有多个层次，这就决定了比选的方法较其他两种方案形式更为复杂。通常层混型方案的比选可以分为资金无约束和资金有约束两类。如果资金无约束，只要从各独立项目中选择互斥型方案中净现值(或净年值)最大的方案进行组合即可。当资金有约束时，一般要采用层混型方案群的互斥组合法。

[例 11-7] 某企业拟投资两个相互独立的项目，A 项目要改扩建原有生产线，B 项目要引进一条新产品生产线。各项目内又由项目管理部提出了多个互斥的建设方案。假定各方案的寿命期均为 10 年，基准收益率为 12%，当企业投资总额在 500 万元以内时，对企业最有利的投资组合是哪种选择？A、B 项目的各建设方案的具体数据见表 11-7。

表 11－7　A、B 项目的各建设方案

项目	投资方案	期初投资/万元	年净收益/万元
A	A1	100	30
	A2	150	45
	A3	200	50
B	B1	250	40
	B2	300	80
	B3	400	105

解：计算每个项目内各方案的净现值并据此进行排序。

NPV(A1)＝－100＋30×(P/A，12%，10)＝69.51（万元）

NPV(A2)＝－150＋45×(P/A，12%，10)＝104.26（万元）

NPV(A3)＝－200＋50×(P/A，12%，10)＝82.51（万元）

则据净现值排序：NPV(A2)＞NPV(A3)＞NPV(A1)。

NPV(B1)＝－250＋40×(P/A，12%，10)＝－23.99（万元）

NPV(B2)＝－300＋80×(P/A，12%，10)＝152.02（万元）

NPV(B3)＝－400＋105×(P/A，12%，10)＝193.27（万元）

B1 方案 NPV＜0，不可行，故排除，NPV(B3)＞NPV(B2)，则 AB 方案组合方式有：A1B2、A2B2、A3B2、A1B3、A2B3、A3B3。根据投资总额 500 万元的约束条件，A2B3、A3B3 组合均超过 500 万元，应予以剔除。

在剩下的四个方案组合中：

NPV(A1B2)＝69.51＋152.02＝221.53（万元）

NPV(A2B2)＝104.26＋152.02＝256.28（万元）

NPV(A3B2)＝82.51＋152.02＝234.53（万元）

NPV(A1B3)＝69.51＋193.27＝262.78（万元）

根据计算结果，应选 A1B3 组合，即 A 项目的 A1 方案和 B 项目的 B3 方案。

复习思考题

1. 进行工程方案经济比选时，应该坚持什么原则？

2. 项目之间存在着哪几种关系类型？如何进行判别？

3. 计算期相同的互斥型方案比选采用哪些方法？计算期不同的又采用哪些方法？

4. 对于层混型方案，如果资金无约束应如何进行比选？如果资金有约束又应采用什么方法进行比选？

第十二章　某企业投资钢铁厂项目可行性研究报告案例

1　总　　论

1.1　项目概况

1.1.1　项目名称

本项目名称：AB 钢铁联合有限责任公司钢铁厂。

1.1.2　项目法人单位

本项目法人单位：AB 钢铁联合有限责任公司。

1.1.3　建设地点

本项目位于 JH 省 ST 市 80 km，距 JT 港 60 km，距 JJ 新港 70 km。

1.1.4　总占地面积

本项目厂区规划占地面积 800 万 m^2，其中建构筑物 420 万 m^2。

1.1.5　建设规模

本项目拟建设规模为生铁 898.15 万 t/a、钢坯 970 万 t/a、钢材 905.7 万 t/a，并预留发展余地。

1.1.6　建设总投资

本项目总投资估算为 5 916 185 万元(含外汇 12.32 亿美元)，其中建设投资 4 831 697 万元、建设期利息 563 941 万元，流动资金 520 547 万元。

1.1.7　建设期

本项目建设期 5 年(不含前期工作)。项目分两期建成，其中一期工程 2 年、二期工程 3 年。

1.1.8　主要技术经济指标

项目主要技术经济指标见表 12 - 1。

表 12 - 1　项目主要技术经济指标

序号	指标名称	单位	数值
1	高炉利用系数	$t/(m^3 \cdot d)$	2.3～2.4
2	燃料比	kg/t	490
3	入炉焦比	kg/t	270
4	煤比	%	220

续表

序号	指标名称	单位	数值
5	板带比	%	100
6	2250 mm 热连轧成材率	%	98.0
	1780 mm 热连轧成材率		98.0
7	水循环利用率	%	97.50
8	吨钢耗新水量	t/t	3.84
9	吨钢占地面积	m^2/t	0.9
10	铁钢比	%	90.3
11	冷热比	%	54.7
12	吨钢综合能耗	kgce/t	669
13	劳动生产率	t/(人·a)	1200～1400

1.2　项目建设单位概况

1.2.1　建设单位名称

建设单位名称：AB 钢铁联合有限责任公司。

1.2.2　单位法定代表人

单位法定代表人：MJZ。

1.2.3　单位地址

单位地址：JH 省 SJ 市 JS 路 N 号。

1.2.4　出资方

出资方：AA 钢铁总公司、BB 钢铁集团公司。

1.2.5　注册资金

AB 钢铁联合有限责任公司注册资金 20 亿人民币，其中：AA 钢铁总公司出资 10.2 亿人民币，占注册资本 51%；BB 钢铁集团公司出资 9.8 亿人民币，占注册资本 49%。

1.2.6　出资各方概况

1.2.6.1　AA 钢铁总公司概况

公司地址：JB 省 SJ 市 XJ 路 N1 号。

公司法人：MJZ。

AA 钢铁总公司自创建至今已有 N 年的历史。改革开放以来，AA 钢铁总公司实现了快速发展。其钢产量位居全国前列，同时发展成为以钢铁为主，兼营采矿、机械、电子、工程设计与总承包、建筑、房地产、服务业、海外贸易等跨行业、跨地区、跨所有制、跨国经营的大型企业集团。

AA 钢铁总公司目前拥有 1000 万 t 的铁、钢生产能力和近 900 万 t 钢材生产能力，主要产品有中板、线材、螺纹钢、彩涂板、镀锌板等，主导产品的实物质量达到国际先进水平。

1.2.6.2 BB钢铁集团公司概况

公司地址：BH省JK市XM路N2号。

公司法人：TYW。

BB钢铁集团公司自创建至今已有K年的历史，是我国重点大型钢铁联合企业，拥有矿石采选、烧结、焦化、炼铁、炼钢、轧钢以及大宗辅助原料等相对完整的钢铁生产体系。经过K年的发展、建设和生产经营，BB钢铁集团公司已走上可持续发展的新型工业化道路；通过滚动发展，对企业进行了全方位、大规模的技术改造，实现了主体装备的现代化和大型化，生产过程的文明化和清洁化，产品结构形成了板、棒、线型并重的格局。目前BB钢铁集团公司整体技术装备、产品结构处于国内先进水平，部分装备达到国际先进水平，成为千万吨规模级的特大型钢铁联合企业之一。

1.3 项目建设原则

本项目以科学发展为指导，以《钢铁产业发展政策》等为依据，充分发挥项目用地临港及资源、区位优势，利用国内国际两种资源，产品主要立足国内市场，并着眼于国际高端钢铁新产品市场，发展高质量、高技术含量、高附加值、市场急需的钢材品种；按照循环经济理念，建设一个科技含量高、经济效益好、资源消耗低、环境污染少、人力资源优势得到充分发挥的新型钢铁厂，实现产品、技术、效益、环境协调发展，成为具备21世纪国际先进水平的节能、环保、生态、高效型精品板材生产基地。

1.4 可行性研究报告编制依据

(1) 城市规划部门对本项目的批复；

(2) 土地主管部门对本项目的批复；

(3) 环保主管部门对本项目的批复；

(4)《钢铁产业发展政策》；

(5)《投资项目可行性研究指南》；

(6) AB钢铁联合有限责任公司章程；

(7) 国家有关法律、法规。

2 项目建设必要性

2.1 项目建设必要性分析

2.1.1 钢铁产业规划背景

拟建钢铁项目符合国家钢铁产业发展政策、国家钢铁工业中长期发展规划以及当地钢铁工业发展规划的相关规定，项目目标定位与相关规划目标具有衔接性和一致性，项目布局有利于实现钢铁产业升级(具体分析内容略)。

2.1.2 企业发展规划背景

拟建项目在AA钢铁总公司、BB钢铁集团公司的发展战略中都具有特别重要的地位，是上述两家公司实现跨越式发展的重大战略选择，对实现企业发展目标具有重要意义(具体分析内容略）。

2.1.3 项目建设必要性

本项目的主要目标是要建设一家具有21世纪国际先进水平钢铁联合企业，这不仅是AA钢铁总公司、BB钢铁集团公司，也是中国钢铁业千载难逢的发展机遇。

(1) 项目建设有利于落实JB省SJ市(中心城市)总体规划，解决该市的环境保护问题。由于AA钢铁总公司地处JB省SJ市城区，通过AA钢铁总公司涉钢企业搬迁，可以缓解JB省SJ市资源、能源、运输紧张的压力，可以提高城市环境质量。

(2) 项目建设有利于促进我国钢铁布局调整，为我国中心城市钢铁企业布局调整探索经验。目前全国75家重点钢铁企业有20家在直辖市和省会城市，有34家在百万人口以上的大城市，物流成本、环保成本相对较高，都面临着布局调整的问题。通过本项目建设，提高产业集中度，为我国中心城市钢铁企业布局调整探索经验，提供示范。

(3) 项目建设有利于提高我国钢铁工业的国际竞争力。为我国发展循环经济、建设节约型企业提供示范。我国钢产量大，但高端产品少，有相当一部分钢铁企业落后、污染严重、消耗高、缺乏竞争力。通过项目建设，以发展循环经济为原则，以低消耗、低排放、高效率为特征，可以为我国建设一个环境友好、服务社会、资源节约、生态型的绿色制造示范工厂。

(4) 项目建设有利于AA钢铁总公司、BB钢铁集团公司通过新的载体实现可持续发展。如果单纯压缩钢产量，不进行生产能力的转移和产业升级，必然会造成经济总量减少、富余人员增多、企业和社会不稳定等一系列问题；通过项目建设，用高新技术改造钢铁业，在JB省SJ市和BH省JK市以外地区开辟新的发展空间，可以解决压产带来的一系列问题，从根本上实现AA钢铁总公司、BB钢铁集团公司工艺升级、产品换代，同时带动非钢产业的发展，极大地提高AA钢铁总公司、BB钢铁集团公司的综合竞争力。

3 市场分析与产品方案确定

略。

4 建设方案研究

略。

5 投资估算与资金筹措方案

5.1 建设投资

5.1.1 估算依据

根据《建设项目经济评价方法与参数》(第三版)，本项目建设和投入运营所需要的总投资包括建设投资、建设期利息和全部流动资金。其中，建设投资按概算法分类，包括工程建设费用、设备购置和安装工程费用、工程建设其他费和预备费，各项费用估算依据如下：

(1) 工程建设费用。

根据本项目的建设内容和规模，工程建设和安装工程费用采用概算指标投资估算法进行估算。依据项目建设造价管理部门公布的造价信息，参考《冶金工业概算定额(指标)》，并根据现行价格调整至目前价格水平，以综合单价或造价指标进行编制。

(2) 国内设备购置费用。

国内设备购置费为设备出厂价加运杂费。设备出厂价按询价或同类工程报价计算，运杂费按设备出厂价的4.5%计取。

(3) 进口设备购置费用。

引进技术和设备材料价格由进口设备货价、进口从属费用及国内运杂费组成。进口从属费用计算了海运费、海运保险费、公司手续费、银行财务费、海关监管手续费、引进设备国内运杂费，还包括国外技术设计、专利、技术服务等费用。外汇汇率按美元兑人民币1∶7.65折算。引进设备暂按免关税及免增值税考虑。

(4) 安装工程费估算。

安装工程费包括需要安装的各种机电设备的装配、安装工程，与设备相连的工作台、梯子及其装设工程附属于被安装设备的管线及其敷设工程，被安装设备的绝缘、保温、防腐工程费等费用，以及单体试运转和联动无负荷试运转的费用。

安装工程费通常按钢铁行业有关安装工程定额、取费标准和指标估算。

(5) 工程建设其他费。

工程建设其他费参照《冶金工业建设初步设计概算编制办法》和国家有关取费规定，并结合工程具体情况计算，包括征地费、建设单位管理费、可行性研究费、勘察费、设计费、图纸资料翻译转化费、编程调试费、环境影响评价费、场地准备及临时设施费、引进工程其他费、工程保险费、工程监理费、试车费、生产准备及开办费等。工程建设其他费用按各项费用的费率或取费标准估算，编制工程建设其他费用估算表(略)。

(6) 基本预备费。

基本预备费按6%计算。

5.1.2　投资总额及构成

本项目总投资估算结果为5 916 185万元(含外汇123 200万美元)，其中建设投资4 831 697万元、建设期利息563 941万元，流动资金520 547万元(其中铺底流动资金156 164万元)。

建设投资4 831 697万元的构成如下：建筑工程费1 483 129万元，设备购置费2 653 557万元，安装工程费236 921万元，其他费184 598万元，基本预备费273 492。

5.1.3　投资估算有关说明

(1) 建设投资中不包括厂区以外的水源、供电、铁路、公路以及生活服务设施等外部工程投资。

(2) 投资估算中不包括涨价预备费。

(3) 引进技术、设备材料按免税计算，投资估算中不含引进设备的关税及增值税。

(4) 投资估算中不含高牌号硅钢、取向硅钢生产技术专利费。

5.1.4　总投资估算表

项目总投资估算见表12-2。

表 12-2 AB 钢铁联合有限责任公司钢铁厂总投资估算表 万元

序号	工程名称	估算价值					占总投资百分比/%	含外汇/万美元
		建筑工程费	设备购置费用	安装工程费	其他费用	合计		
一	建设投资	—	—	—	—	4831 697	81.67	123 200
1	工程费用	1483 129	2653 557	236 921	—	4373 607	73.93	—
1.1	港口码头	158 567	45 054	2350	—	205 971	3.48	—
1.2	原料场	35 450	38 765	2176	—	76 391	1.29	—
1.3	炼铁厂	207 580	173 563	78 680	—	459 823	7.77	11 900
…	…	—	—	—	—	—	0.00	—
2	工程建设其他费	—	—	—	184 598	184 598	3.12	—
2.1	征地费	—	—	—	15 865	15 865	0.27	—
2.2	建设单位管理费	—	—	—	8798	8798	0.15	—
2.3	勘察费	—	—	—	9023	9023	0.15	—
…	…	—	—	—	—	—	0.00	—
3	基本预备费	—	—	—	—	273 492	4.62	—
二	建设期利息	—	—	—	—	563 941	9.53	—
三	流动资金	—	—	—	—	520 547	8.80	—
四	总投资	—	—	—	—	5 916 185	100.00	—

5.2 资金筹措方案和资金使用计划

5.2.1 资金筹措方案

本项目拟向银行长期贷款 2 400 000 万元(即 240 亿元)，占建设投资的 49.67%；其余 2 431 697 万元资金由企业自筹解决。固定资产投资贷款利率 7.2%。

流动资金中 30%(156 164 万元)自筹解决，70%(364 383 万元)向银行贷款，年利率为 6.57%。

5.2.2 投资和资金使用计划

根据投资估算所确定的资金需要量，结合项目实施进度计划，得出项目建设期各年的投资计划，并统筹考虑资金来源计划，得出拟建项目投资及资金使用计划(有关表格及计划方案详细分析略)。

6 财务评价

6.1 财务现金流量预测

6.1.1 基础数据的确定

(1) 项目计算期。

项目计算期取 20 年，其中建设期 5 年(第一期 2 年)。

(2) 基准收益率。

基准收益率取10%。

(3) 税种和税率。

增值税率按17%计算;

销售税金附加中城建税按增值税额的7%计算,教育费附加按增值税额的3%计算;

所得税税率为25%,经营期第3年起开始征收企业所得税。

(4) 折旧和摊销年限。

固定资产折旧按平均年限法分类计算折旧,厂房折旧年限40年,主要设备折旧年限20年,残值率5%。摊销费用按5年平均摊销。

6.1.2 销售收入和销售税金预测

根据前面的市场分析,预测项目投产后按外销热轧板卷3162元/t、冷轧板卷4658元/t、镀锌板卷5043元/t、彩涂板6111元/t、冷轧电工钢5983元/t、焦炭940元/t计算销售收入。经测算,正常年销售收入为3 278 239万元,达产年增值税为292 151万元,达产年销售税金附加为29 215万元。详见附表"销售收入和销售税金预测表"(略)。

6.1.3 成本费用预测

各种原材料、燃料动力的消耗根据生产工艺流程确定。各种原辅材料、燃料动力的价格根据目前市场价格资料确定。劳动定员5780人,职工工资及附加按48 790元/(人·年)计算。

经测算,正常年总成本费用2 034 553万元,经营成本1 664 598万元。

各项费用构成详见附表"总成本费用明细表"(略)。

6.1.4 利润预测

经测算,本项目经营期年平均税前利润总额为1 214 471万元,年平均税后利润为910 853万元。详见附表"利润与利润分配表"(略)。

6.2 盈利能力及清偿能力分析

6.2.1 动态盈利能力分析

通过现金流量分析,测算本项目所得税后盈利能力评价指标如下:

财务内部收益率:11.5%

财务净现值($i_C=10\%$):2 104 532万元

投资回收期(含建设期):11.67年

资本金财务内部收益率:13.6%

税后财务内部收益率等于11.5%,大于基准收益率10%;财务净现值等于2 104 532万元,远大于0,从财务角度分析评价项目可行。

详细测算过程参见附表"项目投资现金流量表"和"项目资本金现金流量表"(略)。

6.2.2 静态盈利能力分析

总投资收益率 $ROI=\frac{EBIT}{TI}\times 100\%=23.8\%$

项目资本金净利润率 $ROE=\frac{NP}{EC}\times 100\%=32.8\%$

6.2.3 清偿能力分析

偿还贷款的资金为：未分配利润、折旧费、摊销。经计算，全部长期贷款偿还期(含建设期)为 9.12 年。详见附表"借款还本付息计划表"(略)。

项目的负债主要是建设期固定资产投资贷款和生产期间的流动负债。建设期间项目的负债率最高，负债率高峰为 61.1%，生产期间负债率逐年下降，到固定资产投资贷款偿还期末(第 10 年)负债率降为 12.5%。项目负债率总水平较低的原因是，项目自有资金占项目总投资的比率达 50.3%，使得项目的借款额比例下降，导致资产负债率总水平较低。详见附表"资产负债表"(略)。

6.2.4 生存能力分析

计算期内累计盈余资金 9 536 545 万元，生产经营期正常年内未出现资金短缺。详见附表"资金来源与运用表"(略)。

以上财务分析表明，本项目税后财务内部收益率为 11.5%，资本金财务内部收益率为 13.6%，各类财务内部收益率均高于基准收益率 10%；财务净现值(i_C=10%)为 2 104 532 万元，税后投资回收期为 11.67 年，总投资收益率为 23.8%，项目资本金净利润率为 32.8%；借款偿还期 9.12 年。

本项目各项财务指标均较好，在财务上是可行的。

7 经济评价

7.1 经济费用效益分析

7.1.1 经济费用效益的识别和计算

对 AB 钢铁联合有限责任公司钢铁厂占用的土地等的经济价值进行调整计算，并对环境影响等因素进行货币量化分析，计算得出反映项目真实经济价值的经济费用效益流量(计算内容略)。

7.1.2 经济费用效益分析评价

在经济费用效益识别和计算的基础上，编制拟建钢铁厂的经济费用效益流量表，计算 ENPV 和 EIRR 等经济评价指标，并对拟建项目的经济合理性进行分析评价(详细内容略)。

8 资源供应方案与节约利用分析评价

略。

9 土地利用、征地拆迁与移民安置分析

9.1 土地利用分析

9.1.1 项目用地方案

拟建项目建设用地××ha，其中××ha 为沿海滩涂荒地；××ha 为工业用地；××ha 为农业用地。在所利用的滩涂荒地中，有××ha 为围海造地，需要申请用海××ha。国土

资源主管部门对项目用地已经表示同意的预审意见。对于围造地部分，海洋主管部门对项目用海也给予预审同意(具体内容略)。

9.1.2 用地效果分析

拟建项目用地符合因地制宜、节约用地、少占耕地、减少搬迁的原则，符合当地土地利用总体规划要求，占地规模合理。项目单位用地指标居于同行业先进水平，符合集约和有效使用土地相关政策法规要求。项目围海造地的用海方案合理(具体分析内容略)。

9.2 征地拆迁和移民安置分析

9.2.1 征地拆迁方案

拟建项目涉及的矿山开发、采选及冶炼工程，需要征地××ha，拆迁房屋××m^2，涉及移民××户，××人口(具体内容略)。

9.2.2 移民安置方案

根据移民生产生活水平现状，提出移民安置主要采用非农业安置的方式，通过多种就业渠道，为移民寻找就业机会，并进行就业技能培训。土地补偿费和安置补助费的补偿标准符合国家有关规定(具体内容略)。

9.2.3 移民安置效果评价

根据本项目的特点及当地实际情况，拟建项目的移民安置目标和补偿标准设计合理，移民安置效果较为理想，包括耕地配置效果、移民收入及生产生活条件等能够实现移民安置规划目标要求，地方政府对移民安置规划及补偿标准表示满意，移民普遍接受安置规划方案，并对移民后期扶持标准、实施方案表示可以接受(具体内容略)。

10 社会影响评价

10.1 社会影响效果的识别和评价

10.1.1 有利影响效果

本项目的建设及建成后的投产运营，将会为当地带来一系列正面的社会影响效果，如就业机会增加、收入增加、城市建设及城市化进程加快等(具体分析略)。

10.1.2 不利影响效果

本项目可能带来以下负面的社会影响效果：

(1) 因征地拆迁、移民安置及拟建项目对环境的影响可能带来的不利社会影响效果；

(2) 因钢铁产品结构调整、淘汰落后等因素，需要关停并搬迁现有钢铁厂，可能会涉及下岗职工及重新安置人员，甚至影响某些贫困人口等特殊群体。

拟建项目对影响区域范围内的机构及个人可能造成的不利社会影响的详细分析(略)。

10.2 社会风险及对策措施

10.2.1 社会风险及规避

对于AB钢铁联合有限责任公司钢铁厂项目可能产生的不利社会影响，在前述分析评价的基础上，针对项目建设和实施可能出现的社会风险因素，提出风险规避的对策措施（略）。

10.2.2　特殊群体的关注

对于因结构调整、淘汰落后以及环境影响等因素所引起的原有钢铁企业关停及搬迁，要针对所导致的职工下岗、人员重新安置等问题，对再就业培训、贫困职工扶持等研究制定详细实施方案，并对方案的合理性进行分析评价，以维护社会稳定。

11　不确定性分析

11.1　盈亏平衡分析

本项目以生产能力利用率表示的盈亏平衡点为58.3%，即本项目只要达到设计规模的58.3%时，即可保本。可见该项目具有很强的抗市场风险能力。

11.2　敏感性分析

以税后内部收益率为因变量，针对建设投资增加、销售收入下降、经营成本增加等因素进行敏感性分析，如表（略）所示。

从敏感性分析表可知，项目税后内部收益率对销售价格变化最为敏感，经营成本变化次之，对建设投资的变化最不敏感（相对于销售价格和经营成本而言）。

12　风险分析

12.1　风险影响因素

12.1.1　可能面临的风险因素

在专家调查和系统分析的基础上，得出影响钢铁项目的风险因素包括X大类共Y小类（具体分析略）。

12.1.2　主要风险因素识别

通过调查分析，对拟建项目可能产生的重要影响的主要因素共有Z种（具体分析略）。

12.2　风险影响程度及规避措施

12.2.1　风险影响程度评价

采用定量分析和定性分析相结合的方法，通过专家分析判断，综合考虑多种因素，分析提出拟建项目可能面临的一般风险、较大风险、严重风险和灾难性风险（具体分析内容略）。

12.2.2　风险规避措施

在前述风险因素识别及风险程度分析评价的基础上，对拟建钢铁项目的重要风险因素进行重点论证，提出风险规避措施建议，并对措施方案的合理性及可行性进行分析评价（具体内容略）。

13 结论与建议

13.1 主要结论

（1）本项目旨在建设具有21世纪国际先进水平钢铁联合企业，有利于调整我国钢铁布局，符合贯彻落实科学发展观的要求。

（2）本项目主要生产高端板材，满足汽车、家电、建筑及结构、机械、电机电工及轻工五金等行业急需的热轧、冷轧、热镀锌、电镀锌、彩涂、冷轧硅钢等高品质、高技术含量、高附加值的板材产品，弥补我国市场空缺。

（3）本项目技术方案可行，财务指标较好，财务评价可行。

（4）通过环境、经济、社会等方面的影响分析评价，拟建项目的综合影响效果可以被接受。

13.2 主要建议

（1）本项目投资巨大，建议进一步加强融资风险研究。

（2）项目效益对产品销售价格很敏感，建议加强营销战略研究。

（3）本项目将整合AA钢铁总公司、BB钢铁集团公司的资源优势，建议对原有的AA钢铁总公司、BB钢铁集团公司的历史遗留问题加强研究，特别要做好人员分流和劳动力安置，确保企业平稳发展和社会保持稳定。

附录 复利系数表

i	n	$F/P,i,n$	$P/F,i,n$	$A/P,i,n$	$P/A,i,n$	$A/F,i,n$	$F/A,i,n$
5%	1	1.0500	0.9524	1.05000	0.9524	1.00000	1.0000
	2	1.1025	0.9070	0.53780	1.8594	0.48780	2.0500
	3	1.1576	0.8638	0.36721	2.7232	0.31721	3.1525
	4	1.2155	0.8227	0.28201	3.5460	0.23201	4.3101
	5	1.2763	0.7835	0.23097	4.3295	0.18097	5.5256
	6	1.3401	0.7462	0.19702	5.0757	0.14702	6.8019
	7	1.4071	0.7107	0.17282	5.7864	0.12282	8.1420
	8	1.4775	0.6768	0.15472	6.4632	0.10472	9.5491
	9	1.5513	0.6446	0.14069	7.1078	0.09069	11.027
	10	1.6289	0.6139	0.12950	7.7217	0.07950	12.578
	11	1.7103	0.5847	0.12039	8.3064	0.07039	14.207
	12	1.7959	0.5568	0.11283	8.8633	0.06283	15.917
	13	1.8856	0.5303	0.10646	9.3936	0.05646	17.713
	14	1.9799	0.5051	0.10102	9.8986	0.05102	19.599
	15	2.0789	0.4810	0.09634	10.3797	0.04634	21.579
	16	2.1829	0.4581	0.09227	10.8378	0.04227	23.657
	17	2.2920	0.4363	0.08870	11.2741	0.03870	25.840
	18	2.4066	0.4155	0.08555	11.6896	0.03555	28.132
	19	2.5270	0.3957	0.08275	12.0853	0.03275	30.539
	20	2.6533	0.3769	0.08024	12.4622	0.03024	33.066
	21	2.7860	0.3589	0.07800	12.8212	0.02800	35.719
	22	2.9253	0.3418	0.07597	13.1629	0.02597	38.505
	23	3.0715	0.3256	0.07414	13.4886	0.02414	41.430
	24	3.2251	0.3101	0.07247	13.7986	0.02247	44.502
	25	3.3864	0.2953	0.07095	14.0939	0.02095	47.727
6%	1	1.0600	0.9434	1.06000	0.9434	1.00000	1.0000
	2	1.1236	0.8900	0.54544	1.8334	0.48544	2.0600
	3	1.1910	0.8396	0.37411	2.6730	0.31411	3.1835
	4	1.2625	0.7921	0.28859	3.4651	0.22859	4.3745
	5	1.3382	0.7473	0.23740	4.2123	0.17740	5.6370
	6	1.4185	0.7050	0.20336	4.9173	0.14336	6.9753
	7	1.5036	0.6651	0.17914	5.5824	0.11914	8.3938
	8	1.5938	0.6274	0.16104	6.2098	0.10104	9.8975
	9	1.6895	0.5919	0.14702	6.8017	0.08702	11.491
	10	1.7908	0.5584	0.13587	7.3601	0.07587	13.181

续表一

i	n	F/P,i,n	P/F,i,n	A/P,i,n	P/A,i,n	A/F,i,n	F/A,i,n
6%	11	1.8983	0.5268	0.12679	7.8869	0.06679	14.972
	12	2.0122	0.4970	0.11928	8.3838	0.05928	19.870
	13	2.1329	0.4688	0.11296	8.8527	0.05296	18.882
	14	2.2609	0.4423	0.10758	9.2950	0.04758	21.015
	15	2.3966	0.4173	0.10296	9.7122	0.04296	23.276
	16	2.5404	0.3936	0.09895	10.1059	0.03895	25.673
	17	2.6928	0.3714	0.09544	10.4773	0.03544	28.213
	18	2.8543	0.3503	0.09236	10.8276	0.03236	30.906
	19	3.0256	0.3305	0.08962	11.1581	0.02962	33.760
	20	3.2071	0.3118	0.08718	11.4699	0.02718	36.786
	21	3.3996	0.2942	0.08500	11.7641	0.02500	39.993
	22	3.6035	0.2775	0.08305	12.0416	0.02305	43.392
	23	3.8197	0.2618	0.08128	12.3034	0.02128	46.996
	24	4.0489	0.2470	0.07968	12.5504	0.01968	50.816
	25	4.2919	0.2330	0.07823	12.7834	0.01823	54.865
7%	1	1.0700	0.9346	1.07000	0.9346	1.00000	1.0000
	2	1.1449	0.8734	0.55310	1.8080	0.48310	2.0700
	3	1.2250	0.8163	0.38105	2.6243	0.31105	3.2149
	4	1.3108	0.7629	0.29523	3.3872	0.22523	4.4399
	5	1.4026	0.7130	0.24389	4.1002	0.17389	5.7507
	6	1.5007	0.6663	0.20980	4.7665	0.13980	7.1533
	7	1.6058	0.6227	0.18555	5.3893	0.11555	8.6540
	8	1.7182	0.5820	0.16747	5.9713	0.09747	10.260
	9	1.8385	0.5439	0.15349	6.5152	0.08349	11.978
	10	1.9672	0.5083	0.14238	7.0236	0.07238	13.816
	11	2.1049	0.4751	0.13336	7.4987	0.06336	15.784
	12	2.2522	0.4440	0.12590	7.9427	0.05590	17.888
	13	2.4098	0.4150	0.11965	8.3577	0.04965	20.141
	14	2.5785	0.3838	0.11435	8.7455	0.04435	22.550
	15	2.7590	0.3624	0.10980	9.1079	0.03980	25.129
	16	2.9522	0.3387	0.10586	9.4466	0.03586	27.888
	17	3.1588	0.3166	0.10243	9.7632	0.03243	30.840
	18	3.3799	0.2959	0.09941	10.0591	0.02941	33.999
	19	3.6165	0.2765	0.09675	10.3356	0.02675	37.379
	20	3.8697	0.2584	0.09439	10.5940	0.02439	40.995
	21	4.1406	0.2415	0.09229	10.8355	0.02229	44.865
	22	4.4304	0.2257	0.09041	11.0612	0.02041	49.006
	23	407405	0.2109	0.08871	11.2722	0.01871	53.436
	24	5.0724	0.1971	0.08719	11.4693	0.01719	58.177
	25	5.4274	0.1842	0.08581	11.6536	0.01581	63.294

续表二

i	n	F/P,i,n	P/F,i,n	A/P,i,n	P/A,i,n	A/F,i,n	F/A,i,n
	1	1.0800	0.9259	1.08000	0.9259	1.00000	1.0000
	2	1.664	0.8573	0.56077	1.7833	0.48077	2.0800
	3	1.2597	0.7938	0.38803	2.5771	0.30803	3.2464
	4	1.3605	0.7350	0.30192	3.3121	0.22192	4.5061
	5	1.4693	0.6806	0.25046	3.9927	0.17046	5.8666
	6	1.5869	0.6302	0.21632	4.6229	0.13632	7.3359
	7	1.7138	0.5835	0.19207	5.2064	0.11207	8.9228
	8	1.8509	0.5403	0.17401	5.7466	0.09401	10.637
	9	1.9990	0.5002	0.16008	6.2469	0.08008	12.488
	10	2.1589	0.4632	0.14903	6.7101	0.06903	14.487
	11	2.3316	0.4289	0.14008	7.1390	0.06008	16.645
	12	2.5182	0.3971	0.13270	7.5361	0.05270	18.977
8%	13	2.7196	0.3677	0.12652	7.9038	0.04652	21.495
	14	2.9372	0.3405	0.12130	8.2442	0.04130	24.215
	15	3.1722	0.3152	0.11683	8.5595	0.03683	27.152
	16	3.4259	0.2919	0.11298	8.8514	0.03298	30.324
	17	3.7000	0.2703	0.10963	9.1216	0.02963	33.750
	18	3.9960	0.2502	0.10670	9.3719	0.02670	37.450
	19	4.3157	0.2317	0.10413	9.6036	0.02413	41.446
	20	4.6610	0.2145	0.10185	9.8181	0.02185	45.762
	21	5.0338	0.1987	0.09983	10.0168	0.01983	50.423
	22	5.4365	0.1839	0.09803	10.2007	0.01803	55.457
	23	5.8715	0.1703	0.09642	10.3711	0.01642	60.893
	24	6.3412	0.1577	0.09498	10.5288	0.01498	66.765
	25	6.8485	0.1460	0.09368	10.6748	0.01368	73.106
	1	1.0900	0.9174	1.09000	0.9174	1.00000	1.0000
	2	1.1881	0.8417	0.56847	1.7591	0.47847	2.0900
	3	1.2950	0.7722	0.39505	2.5313	0.30505	3.2781
	4	1.4116	0.7084	0.30867	3.2397	0.21867	4.5731
	5	1.5386	0.6499	0.25709	3.8897	0.16709	5.9847
	6	1.6771	0.5963	0.22292	4.4859	0.13292	7.5233
	7	1.8280	0.5470	0.19869	5.0330	0.10869	9.2004
9%	8	1.9926	0.5019	0.18067	5.5348	0.09067	11.028
	9	2.1719	0.4604	0.16680	5.9952	0.07680	13.021
	10	2.3674	0.4224	0.15582	6.4177	0.06582	15.193
	11	2.5804	0.3875	0.14695	6.8052	0.05695	17.560
	12	2.8127	0.3555	0.13965	7.1607	0.04965	20.141
	13	3.0658	0.3262	0.13357	7.4869	0.04357	22.953
	14	3.3417	0.2992	0.12843	7.7862	0.03843	26.019
	15	3.6425	0.2745	0.12406	8.0607	0.03406	29.361

续表三

i	n	F/P,i,n	P/F,i,n	A/P,i,n	P/A,i,n	A/F,i,n	F/A,i,n
9%	16	3.9703	0.2519	0.12030	8.3126	0.03030	33.003
	17	4.3276	0.2311	0.11705	8.5436	0.02705	36.974
	18	4.7171	0.2120	0.11421	8.7556	0.02421	41.301
	19	5.1417	0.1945	0.11173	8.9501	0.02173	46.018
	20	5.6044	0.1784	0.10955	9.1285	0.01955	51.160
	21	6.1088	0.1637	0.10762	9.2922	0.01762	56.765
	22	6.6586	0.1502	0.10590	9.4424	0.01590	62.873
	23	7.2579	0.1378	0.10438	9.5802	0.01438	69.532
	24	7.9111	0.1264	0.10302	9.7066	0.01302	76.790
	25	8.6231	0.1160	0.10181	9.8226	0.01181	84.701
10%	1	1.1000	0.9091	1.10000	0.9091	1.00000	1.0000
	2	1.2100	0.8264	0.57619	1.7355	0.47619	2.1000
	3	1.3310	0.7513	0.40211	2.4869	0.30211	3.3100
	4	1.4641	0.6830	0.31547	3.1699	0.21547	4.6410
	5	1.6105	0.6209	0.26380	3.7908	0.16380	6.1051
	6	1.7716	0.5645	0.22961	4.3553	0.12961	7.7156
	7	1.9487	0.5132	0.20541	4.8684	0.10541	9.4872
	8	2.1436	0.4665	0.18744	5.3349	0.08744	11.436
	9	2.3579	0.4241	0.17364	5.7590	0.07364	13.579
	10	2.5937	0.3855	0.16275	6.1446	0.06275	15.937
	11	2.8531	0.3505	0.15396	6.4951	0.05396	18.531
	12	3.1384	0.3186	0.14676	6.8137	0.04676	21.384
	13	3.4523	0.2897	0.14078	7.1034	0.04078	24.523
	14	3.7975	0.2633	0.13575	7.3667	0.03575	27.975
	15	4.1772	0.2394	0.13147	7.6061	0.03147	31.772
	16	4.5950	0.2176	0.12782	7.8237	0.02782	35.950
	17	5.0545	0.1978	0.12466	8.0216	0.02466	40.545
	18	5.5599	0.1799	0.12193	8.2014	0.02193	45.599
	19	6.1159	0.1635	0.11955	8.3649	0.01955	51.159
	20	6.7275	0.1486	0.11746	8.5136	0.01746	57.275
	21	7.4002	0.1351	0.11562	8.6487	0.01562	64.002
	22	8.1403	0.1228	0.11401	8.7715	0.01401	71.403
	23	8.9543	0.1117	0.11257	8.8832	0.01257	79.543
	24	9.8497	0.1015	0.11130	8.9847	0.01130	88.497
	25	10.835	0.0923	0.11017	9.0770	0.01017	98.347
12%	1	1.1200	0.8929	1.12000	0.8929	1.00000	1.0000
	2	1.2544	0.7972	0.59170	1.6901	0.47170	2.1200
	3	1.4049	0.7118	0.41635	2.4018	0.29635	3.3744
	4	1.5735	0.6355	0.32923	3.0373	0.20923	4.7793
	5	1.7623	0.5674	0.27741	3.6048	0.15741	6.3528

续表四

i	n	F/P,i,n	P/F,i,n	A/P,i,n	P/A,i,n	A/F,i,n	F/A,i,n
12%	6	1.9738	0.5066	0.24323	4.1114	0.12323	8.1152
	7	2.2107	0.4523	0.21912	4.5638	0.09912	10.089
	8	2.4760	0.4039	0.20130	4.9676	0.08130	12.300
	9	2.7731	0.3606	0.18768	5.3282	0.06768	14.776
	10	3.1058	0.3220	0.17698	5.6502	0.05698	17.549
	11	3.4785	0.2875	0.16842	5.9377	0.04842	20.655
	12	3.8960	0.2567	0.16144	6.1944	0.04144	24.133
	13	4.3635	0.2292	0.15568	6.4235	0.03568	28.029
	14	4.8871	0.2046	0.15087	6.6282	0.03087	32.393
	15	5.4736	0.1827	0.14682	6.8109	0.02682	37.280
	16	6.1304	0.1631	0.14339	6.9740	0.02339	42.753
	17	6.8660	0.1456	0.14046	7.1196	0.02046	48.884
	18	7.6900	0.1300	0.13794	7.2497	0.01794	55.750
	19	8.6128	0.1161	0.13576	7.3658	0.01576	63.440
	20	9.6463	0.1037	0.13388	7.4694	0.01388	72.052
	21	10.804	0.0926	0.13224	7.5620	0.01224	81.699
	22	12.100	0.0826	0.13081	7.6446	0.01081	92.503
	23	13.552	0.0738	012956	7.7184	000956	104.60
	24	15.179	0.0659	0.12846	7.7843	0.00846	118.16
	25	17.000	0.0588	0.12750	7.8431	0.00750	133.33
15%	1	1.1500	0.8696	1.15000	0.8696	1.00000	1.0000
	2	1.3225	0.7561	0.61512	1.6257	0.46512	2.1500
	3	1.5209	0.6575	0.43798	2.2832	0.28798	3.4725
	4	1.7490	0.5718	0.35027	2.8550	0.20027	4.9934
	5	2.0114	0.4972	0.29832	3.3522	0.14832	6.7424
	6	2.3131	0.4323	0.26424	3.7845	0.11424	8.7537
	7	2.6600	0.3759	0.24036	4.1604	0.09036	11.067
	8	3.0590	0.3269	0.22285	4.4873	0.07285	13.727
	9	3.5179	0.2843	0.20957	4.7716	0.05957	16.786
	10	4.0456	0.2472	0.19925	5.0188	0.04925	20.304
	11	4.6524	0.2149	0.19107	5.2337	0.04107	24.349
	12	5.3503	0.1869	0.18448	5.4206	0.03448	29.002
	13	6.1528	0.1625	0.17911	5.5831	0.02911	34.352
	14	7.0757	0.1413	0.17469	5.7245	0.02469	40.505
	15	8.1371	0.1229	0.17102	5.8474	0.02102	47.580
	16	9.3576	0.1069	0.16795	5.9542	0.01795	55.717
	17	10.761	0.0929	0.16537	6.0472	0.01537	65.075
	18	12.375	0.0808	0.16319	6.1280	0.01319	75.836
	19	14.232	0.0703	0.16134	6.1982	0.01134	88.212
	20	16.367	0.0611	0.15976	6.2593	0.00976	102.44

续表五

i	n	F/P,i,n	P/F,i,n	A/P,i,n	P/A,i,n	A/F,i,n	F/A,i,n
15%	21	18.822	0.0531	0.15842	6.3125	0.00842	118.81
	22	21.645	0.0462	0.15727	6.3587	0.00727	137.63
	23	24.891	0.0402	0.15628	6.3988	0.00628	159.28
	24	28.625	0.0349	0.15543	6.4338	0.00543	184.17
	25	32.919	0.0.04	0.15470	6.4641	0.00470	212.79
18%	1	1.1800	0.8475	1.18000	0.8475	1.00000	1.0000
	2	1.3924	0.7182	0.63872	1.5656	0.45872	2.1800
	3	1.6430	0.6086	0.45992	2.1473	0.27992	3.5724
	4	1.9388	0.5158	0.37174	2.6901	0.19174	5.2154
	5	2.2878	0.4371	0.31578	3.1272	0.13978	7.1542
	6	2.6996	0.3704	0.28591	3.4976	0.10591	9.4420
	7	3.1855	0.3139	0.26236	3.8115	0.08236	12.142
	8	3.7589	0.2660	0.24524	4.0776	0.06524	15.327
	9	4.4355	0.2255	0.23239	4.3030	0.05239	19.086
	10	5.2338	0.1911	0.22251	4.4941	0.04251	23.521
	11	6.1759	0.1619	0.21478	4.6560	0.03478	28.755
	12	7.2876	0.1372	0.20863	4.7932	0.02863	34.931
	13	8.5994	0.1163	0.20369	4.9095	0.02369	42.219
	14	10.147	0.0985	0.19968	5.0081	0.01968	50.818
	15	11.974	0.0835	0.19640	5.0916	0.01640	60.965
	16	14.129	0.0708	0.19371	5.1624	0.01371	72.939
	17	16.672	0.0600	0.19149	5.2223	0.01149	87.068
	18	19.673	0.0508	0.18964	5.2732	0.00964	103.74
	19	23.214	0.0431	0.18810	5.3162	0.00810	123.41
	20	27.393	0.0365	0.18682	5.3527	0.00682	146.63
	21	32.324	0.0309	0.18575	5.3837	0.00575	174.02
	22	38.142	0.0262	0.18485	5.4099	0.00485	206.34
	23	45.008	0.0222	0.18409	5.4321	0.00409	244.49
	24	53.109	0.0188	0.18345	5.4509	0.00345	289.49
	25	62.669	0.0160	0.18292	5.4669	0.00292	342.60
20%	1	1.2000	0.8333	1.20000	0.8333	1.00000	1.0000
	2	1.4400	0.6944	065455	1.5278	0.45455	2.2000
	3	1.7280	0.5787	0.47473	2.1065	0.24473	3.6400
	4	2.0736	0.4823	0.38629	2.5887	0.18629	5.3680
	5	2.4883	0.4019	0.33438	2.9906	0.13438	7.4416
	6	2.9860	0.3349	0.30071	3.3255	0.10071	9.9299
	7	3.5832	0.2791	0.27742	3.6046	0.07742	12.916
	8	4.2998	0.2326	0.26061	3.8372	0.06061	16.499
	9	5.1598	0.1938	0.24808	4.0310	0.04808	20.799
	10	6.1917	0.1615	0.23852	4.1925	0.03852	25.959

续表六

i	n	$F/P,i,n$	$P/F,i,n$	$A/P,i,n$	$P/A,i,n$	$A/F,i,n$	$F/A,i,n$
20%	11	7.4301	0.1346	0.23110	4.3271	0.03110	32.150
	12	8.9161	0.1122	0.22526	4.4392	0.02526	39.581
	13	10.699	0.0935	0.22062	4.5327	0.02062	48.497
	14	12.839	0.0779	0.21689	4.6106	0.01689	59.196
	15	15.407	0.0649	0.21388	4.6755	0.01388	72.035
	16	18.488	0.0541	0.21144	4.7296	0.01144	87.442
	17	22.186	0.0451	0.20944	4.7746	0.00944	105.93
	18	26.623	0.0376	0.20781	4.8122	0.00781	128.12
	19	31.948	0.0313	0.20646	4.8435	0.00646	154.74
	20	38.338	0.0261	0.20536	4.8696	0.00536	186.69
	21	46.005	0.0217	0.20444	4.8913	0.00444	225.03
	22	55.206	0.0181	0.20369	4.9094	0.00369	271.03
	23	66.247	0.0151	0.20307	4.9245	0.00307	326.24
	24	79.497	0.0126	0.20255	4.9371	0.00255	392.48
	25	95.396	0.0105	0.20212	4.9476	0.00212	471.98

参考文献

[1] 国家发展改革委，建设部. 建设项目经济评价方法与参数. 3 版. 北京:中国计划出版社，2006.

[2] 刘晓君. 建设项目投资决策理论与方法. 北京：中国建筑工业出版社，2009.

[3] 李开孟，徐成彬. 企业投项目可行性研究与核准申请. 北京：冶金工业出版社，2008.

[4] 周惠珍. 投资项目评估. 4 版. 大连：东北财经大学出版社，2010.

[5] 注册咨询工程师(投资)执业资格考试教材之四，项目决策分析与评价. 北京：中国计划出版社，2008.

[6] 王建红. 房地产投资分析. 2 版. 北京：电子工业出版社，2012.

[7] 尹贻林，等. 建设工程项目价值管理. 天津：天津人民出版社，2006.